我爱我的祖国

吴坚 王琛◎著　黄琪◎绘

中国人民大学出版社
·北京·

图书在版编目（CIP）数据

我爱我的祖国／吴坚，王琛著；黄琪绘．—北京：中国人民大学出版社，2021.7

ISBN 978-7-300-29456-8

Ⅰ．①我…　Ⅱ．①吴…②王…③黄…　Ⅲ．①爱国主义教育－中国－少儿读物　Ⅳ．①D647-49

中国版本图书馆CIP数据核字（2021）第118440号

我爱我的祖国

吴坚　王琛　著

黄琪　绘

Wo Ai Wode Zuguo

出版发行	中国人民大学出版社		
社　址	北京中关村大街31号	**邮政编码**	100080
电　话	010-62511242（总编室）		010-62511770（质管部）
	010-82501766（邮购部）		010-62514148（门市部）
	010-62515195（发行公司）		010-62515275（盗版举报）
网　址	http://www.crup.com.cn		
经　销	新华书店		
印　刷	北京瑞禾彩色印刷有限公司		
规　格	170mm×230mm　16开本	**版　次**	2021年7月第1版
印　张	12.5	**印　次**	2021年7月第1次印刷
字　数	104 000	**定　价**	43.00元

人物简介

小龙

大名周玉龙，小学六年级男生。聪明好学、求知欲强。爱好：军事、历史。擅长写作、书法，是学校辩论社团的主力辩手，同时也是学校篮球队的主力前锋。

晓雯

大名陆晓雯，小学五年级女生。开朗活泼。爱好：操控无人机、朗诵、戏剧表演。擅长跆拳道，是学校辩论社团的主力辩手，也是小龙的搭档。

小鱼

小学一年级男生。小龙的表弟。爱好：脑筋急转弯。是一名电脑编程爱好者。

人物简介

郭老师

小龙的班主任，小学六年级语文老师。

小龙妈妈

性格恬静，热爱生活，擅长写作，是一位博学的母亲。

小龙爸爸

自幼习武，爱好艺术，是一位具有艺术气息的父亲。

序

《我爱我的祖国》是一本以儿童视角讲述中国故事、传播中华文化、提升爱国情感的书籍。本书设计新颖，构思独特，内容健康，积极向上，让同学们在读书中学历史、长知识、强体验、增能力。无论在课堂上还是在家庭生活中，都可以让同学们更加全面地了解我们的祖国母亲。

本书分为9章，通过37个原创故事，通过主人公小龙充满爱国之情的娓娓道来，以讲故事的形式巧妙地融入了科学艺术、历史人文等知识要素。每一篇故事的内容设计均采用手绘原创插画的形式，每一幅都展现了作者巧妙的设计和精美的画工，这种图文并茂的方式带来很好的美学体验。在阅读故事之余，同学们通过这一幅幅的插画，如同身临其境，可在江南水乡闲庭信步，或在祖国边陲沉醉于自然美景，抑或遨游太空与星辰对话，又仿佛端坐在故宫门前一眼千年，在轻松的阅读中学习提高，更充分地认识、了解我们的祖国。

本书是一个思政一体化教育读本。我们学习传统文化，是为了知史，做到“学史明理、学史增信、学史崇德、学史力行”。“忘记历史就等于背叛”，只有更好地了解历史，才能深刻地了解我们从哪里来、到哪里去。我们学习中国的历史和传统文化，学习新中国史、社会主义建设史，是为了以史为鉴，明志笃行，为实现中华民族的伟大复兴而奋斗。

本书的出版恰逢中国共产党建党一百周年，在此祝中国共产党一百岁生日快乐，祝福我们的伟大祖国繁荣昌盛、国泰民安。

宋慰祖

北京市政协常委、副秘书长

民盟北京市委一级巡视员

工业设计高级工程师

2021 年 3 月

前言

各位读者，大家好！不知道正在看这本书的你，是否也是和我一样的小学生？是否和我一样，虽然有一点点调皮，但学习成绩还不错？嘻嘻。

在阅读这本书的过程中，你会发现，你和我一起对深爱的祖国有了更加深入的了解，有了更加系统的认识。在这本书中，我就像海绵吸水一样，努力地吸收着知识。在参加各种比赛的过程中，我所学的知识有了用武之地；而通过这种实践与学习相结合的形式，学习的过程也变得更有意思。

不知道你是不是有和我一样的感觉：我们的祖国历史悠久、幅员辽阔，只用 9 个主题 37 个故事，远远不能充分展示祖国的全貌。但我依然希望，你可以通过这些具有代表性的故事，来了解中华民族的历史，看到全国人民共同努力的成绩，明白幸福生活的来之不易，更要好好学习，一起助力我们祖国今后的腾飞。最重要的是，要更加热爱我们的祖国。

祖国也是我们的母亲，关于她的精彩故事还有很多。希望未来你能有机会用自己的笔，和我一起继续完善这个系列的故事。

好了，下次聊，我要去预习功课了。希望你喜欢我的故事，记得把这些故事讲给身边的人听哦。

目录

一 传统节日

春节——中国年味儿 / 3
清明——文明祭祖先 / 7
中秋——月夕人团圆 / 11
端午——粽叶飘香 / 15

二 传统节气

立春——一年之计在于春 / 21
立夏——万物至此皆生长 / 25
立秋——“秋老虎”来势凶猛 / 29
立冬——气温降、蛰虫伏藏 / 33

三 传统文化

戏曲——生旦净末 / 41
书法——方寸乾坤 / 46
诗词——千年智慧 / 53
非遗——传承经典 / 59

四 法定节日

五一国际劳动节 / 67
七一中国共产党的生日 / 72
八一建军节 / 76
十一国庆节 / 79

五 继承发扬

一带一路
——与世界共荣 / 87
中国少年先锋队
——未来接班人 / 91
缅怀先烈
——传承红色经典 / 95
五星红旗
——我为你自豪 / 99

六 大国智造

航空母舰
——国之重器 / 105

雄安——千年大计　未来之城 / 110
中国航天——探秘星空 / 114
高铁——中国速度 / 119

七　奋进逐梦

港珠澳大桥——超级工程 / 127
袁隆平——杂交水稻之父 / 131
屠呦呦——呦呦鹿鸣，食野之蒿 / 135
中国 5G——中国科技引领未来生活 / 140

八　艺术体育

2022 北京冬奥会
——向着第 24 届冬季奥林匹克盛会飞翔 / 147
女排——中国女排是一种精神 / 151
美育——美育是一切关于美的教育 / 156
动漫——国漫崛起的辉煌与成就 / 161

九　大美中国

故宫——传承千年的古韵威严 / 167
长城——万里奇迹　脚下的故乡 / 172
敦煌——“丝绸之路”上的艺术明珠 / 176
婺源——徽州非遗画里的乡村 / 181
新疆——品瓜果飘香　赏最美边疆 / 186

后记 / 190

一

传统节日

CHUANTONG JIERI

春 节

——中国年味儿

春节，即农历新年，是一年之岁首，是中华民族最重要的传统节日。在世界各地工作生活的华人们，大多会在这一天不远千万里回到故乡，和亲人聚在一起吃顿团圆饭，叙叙乡情，聊聊家常。

随着结尾的完成，正在参加作文大赛的小龙放下了笔，思绪逐渐回到远方的老家，那里有满桌的鸡鸭鱼肉，有大城市里已经不多见的各种爆竹，还有即使冻得直流鼻涕也倔强地站在路口等他回来过年的儿时玩伴……

“年岁”的概念，来自上古历法。古人以天干地支为时间载体，天干承载的是天之道，地支承载的是地之道。春节是由岁首祈年祭祀演变而来。上古时代，人们于一岁（年）农事结束后，在新一岁（年）开端的岁首，举行祭祀活动，报祭天地众神及祖先，祈求丰年。

“团圆”的味道，深藏于每个人心中。纵使分布广泛的中华民族有着南北方的饮食文化差异，方言也各不相同，但是在这个特殊的

中国年味

时刻，大家的心气儿却出奇地一致。人们用相互问候延续着友朋乡里之间的亲情伦理，用从天南海北带来的“不同寻常”的礼物诉说着这一年对于彼此的思念。

孩子们在这一天会穿上新衣，收到长辈们给的红包，尽情玩闹。长辈们则慈祥地摸着孩子们的头，享受着儿孙绕膝的天伦之乐。

这是一种很神奇的感觉，是中华民族绵延千年繁衍发展的重要力量。纵使时代发展、科技进步，它仍是每一个中华儿女心中坚守的“味道”。

春节作为一年中最重要的节日，各种仪式和风俗习惯也是节日里的重要内容。我们国家地大物博，各地的庆祝活动极为丰富多样，有舞狮、飘色、舞龙、游神、逛庙会、逛花街、赏花灯、游锣鼓、游标旗、放烟花、祈福、掼春，还有踩高跷、跑旱船、扭秧歌，等等。虽然各地的庆祝活动和一些风俗习惯不太相同，但是贴春联、守岁、吃团年饭、拜年等传统习俗基本上不分地区，在家家户户都延续着。甚至远在异国他乡的中华儿女，也在当地遵循着这些习俗，坚守着自己的文化传统，诠释着自己的思乡之情。

本次作文大赛的题目是：你眼中的年味儿。题目立意是让新时代成长起来的孩子们在网络日益发达、信息多样化的今天，可以深入学习和研究中华民族的历史渊源以及发展历程，了解并爱上传统文化。

作为一名“00后”，小龙习惯了使用搜索引擎，习惯了通过网

络去学习和获取所需的知识。但他同时也是一个对历史和传统怀有浓厚兴趣的孩子，乐于寻求一切渠道去了解历史和传统，平时喜欢听爷爷讲年轻时的见闻，喜欢阅读历史书籍并按照年代发展整理笔记，喜欢在博物馆置身于历史的长河里，喜欢在旅游时探寻文明的发源地。

这篇作文小龙写得很快，构思的同时勾起了他很多的思绪。他会想起家乡那些独特而神秘的建筑，会想起儿时最喜欢的味道，会想起收到长辈红包时快乐的心情，会想起大家相互祝福时真挚的笑容，还会想起远方儿时的玩伴。而这，就是小龙心中的“年味儿”。仔细地闻一闻，哇，这个味道是甜的，是睡着了都会带着微笑的那种甜。

清明
——文明祭祖先

"'清明时节雨纷纷，路上行人欲断魂。借问酒家何处有，牧童遥指杏花村。'说到清明，人们自然会想起唐代著名诗人杜牧这首脍炙人口的《清明》。这首诗不过28个字，却写出了清明春雨中的所见所闻。千百年来，此诗被广为传诵。"

清明小长假前夕，学校组织了一次社会实践活动。在出行的大巴车上，郭老师抑扬顿挫地朗诵着这首《清明》，并与同学们围绕清明节进行讲解和互动。

"清明节是我国最古老的传统节日之一，同时清明还是传统节气之一，在距离今天2 600多年前的周朝就有了。在民间，清明节又叫踏青节、行清节、三月节、祭祖节等，是中华民族隆重盛大的春祭节日，更是礼敬祖先、弘扬孝道的一个传统文化节日。清明节的习俗很多，我们国家幅员辽阔，各地

因地域文化不同在习俗上也有一定的差异。但扫墓祭祖、赏春踏青是共同的主题。

“可随着社会的发展，很多人慢慢离开了家乡，在外工作打拼，清明节也没有时间回乡祭祖。所以呢，有些人就选择在工作的地方进行祭祖。但现在由于环保、市容市貌、防范火灾等原因，政府会鼓励大家用其他方式祭奠祖先，比如在网上进行在线祭扫等。

“同学们，如果我们从另外一个维度去观察和了解清明，我们会发现：从节气上排序的话，清明排在春分之后，此时天气开始回暖，到处生机勃勃，很多人会选择远足踏青、亲近自然。其实，古代的人们就已经有了这个习惯。古人认为这样做是顺应天时的：在户外吸纳大自然纯阳之气，驱散整个冬天在体内积郁的寒气和抑郁心情，有益于身心健康。

“所以，同学们，我们在学习现代化的科学知识的同时，也要更充分地了解祖国的传统文化。当我们明白了很多习俗、民俗的起源后，我们会更清晰地理解这个时代发展变化的脉络。这很重要，因为流传至今的很多习俗和传统，是在那个科学技术没有今天这么发达的时代，我们中华民族的祖先运用当时掌握的技术和智慧去提炼出的，能够延续到今天，足以证明这些传统习俗的科学性和实用性。

“清明节除了是我们国家的传统节日之外，也是我们的法定假日。你们知道吗，从唐代开始，我国就有了清明假期，在不同的年代分别有四至七天的假期，而最著名的《清明上河图》描绘的就是

清明

当时盛世清明的图景。

“同学们，老师再给你们讲一个传统的清明小习俗。放风筝作为人们喜爱的一项活动，在清明时有着特殊的作用。在清明这一天，很多人将灾病写在风筝上，然后把风筝放到天上剪断牵线，任凭清风把风筝吹走，祈求所有的疾病、秽气都让风筝带走。

“因为现在天上有很多飞机，所以我们不能再剪断风筝的线了。但是，放风筝还是非常好的一项运动。一会儿下车，找个安全的地方，老师来和大家比一比，看谁的风筝飞得高，好不好？”

中　秋
——月夕人团圆

“八月十五月儿明呀，爷爷为我打月饼呀，月饼圆圆甜又香呀，一块月饼一片情呀。”小龙一边哼唱着儿时学的歌谣，一边想着过几天到了中秋节，就可以大快朵颐地吃最喜欢的月饼了。想着想着，小龙的口水都要流下来了。看到妈妈在厨房忙碌的身影，小龙跑过去，听妈妈聊起了中秋和月饼……

中秋节，是中国民间最重要的传统节日之一。中秋节起源于上古时代，普及于汉代，定型于唐朝初年，盛行于宋朝以后。

就像歌谣中所唱，每年的农历八月十五就是中秋佳节。在这一天，月亮会比其他时间更圆、更明亮。在这个夜晚，按照习俗，人们会与家人相聚一堂，一起赏月。而远在他乡的游子即使不能回家，也会遥望明月，寄托对故乡和家人的思念之情。因此，中秋节又称团圆节。

月夕人团圆

中国是世界上最重视亲族情谊与血缘关系的国家之一，中国人有着很强的家族伦理观念。然而，很多人平时并没有多少机会与亲人团聚。中秋节这个以团圆为核心的日子为亲人的团聚提供了机会。

在中秋这个节日中，圆圆的月亮同样扮演着重要的角色。无论是古人的拜月，还是现如今的赏月，其实都是中秋时一项重要的活动。用现在的话讲，这是一种仪式感。

思考一个问题：为什么中秋节时月亮看上去又大又圆呢？这是因为此时正处于节气“秋分”的中间阶段，白天和晚上的时间几乎一样长。接受了足够多的太阳光照射后，月亮在我们眼中就显得又大又圆了。

中秋节另一个非常重要并且有仪式感的部分，也是让小龙日思夜想的，就是吃月饼。小龙有时会想，这么好吃的月饼，为什么平时大家都不吃呢？

第二个问题：月饼的由来是什么？传说，人们第一次将饼和月亮联系在一起，是在殷商时期。据史料记载，当时的民间已经有了一种纪念太师闻仲的“太师饼”，这种饼边薄心厚，是圆月的形状。可以说，“太师饼”是月饼的“始祖”。

汉朝时，张骞出使西域，带回了当地的芝麻、胡桃，人们把这些果仁夹进饼中，就做成了更好吃的饼。因为当时中原周边民族被称为“胡人”，人们就把这种有馅料的饼称为“胡饼”，这也是月饼的前身。直到今天，在我国的内蒙古西部、山西北部以及雁门关沿线一些地区，依然有吃这种胡饼形式的传统月饼的习惯。

那么，胡饼又是怎么改名叫月饼了呢？据传说，这与唐玄宗和杨贵妃有关。有一年中秋之夜，皇家赏月吃胡饼，唐玄宗说“胡饼”好吃不好听，杨贵妃仰望天上的明月，灵机一动，立即提议说，不如改名为“月饼”。唐玄宗一听特别高兴，马上传旨将“胡饼”改称为“月饼”，从此“月饼”这个名称便在民间流传起来，一直用到了今天。

而让月饼成为中秋佳节人们相互馈赠、表达情意的一种约定俗成的礼物，则源自另一个传说。明太祖朱元璋联合各路力量反抗元朝暴政，约定在八月十五这天起义，但元朝统治者搜查得很严，消息传递不便，为了及时通知各路起义军，朱元璋的属下把字条夹在月饼中，很轻易就骗过了各方搜查，起义因此成功。因为正逢中秋节，朱元璋非常高兴，便将月饼赏赐给大臣和百姓。此后，月饼便逐渐成为中秋佳节馈赠亲朋的佳品。

“妈妈，您讲的这些关于中秋节的传说真有趣。”小龙听得很入迷。妈妈吩咐小龙：“去帮我买一点枣泥。要过节了，妈妈给你做你最喜欢吃的枣泥馅月饼。”

“好嘞，妈妈，我这就去！”

端午
——粽叶飘香

"'四时花竞巧，九子粽争新。'端午节是中国民间十分重要的民俗大节，也是一个特殊的传统节日。"语文课上，郭老师讲道。

"郭老师，请问您之前讲的韩国申报的端午祭和我们国家的端午节是一样的吗？"小龙认真地问。"小龙，这个问题问得很好。首先，我想告诉大家什么是文化节日。文化节日的建立，是人们与自然对话的结果。"

"那么，端午节又是什么呢？"郭老师看了一下大家的反应，继续说，"端午节，是中国各地最重要的传统节日之一。而韩国的江陵端午祭，是韩国江原道江陵市在端午时间段特有的一种巫俗祭祀活动，并非特指一个节日。"

"关于端午的起源，众说纷纭。其中，爱国主义战士、学者闻一多先生著有《端午考》和《端午的历史教育》，他认为端

午是‘龙的节日’，起源于吴越民族的图腾祭。”

“小龙，你知道端午节一般都要举行什么活动吗？”郭老师点名让小龙回答。“郭老师，我听说在我国有些地方，端午节会举行赛龙舟活动。不过，我没有见过赛龙舟是什么样子，是用像龙一样的船比赛吗？”

“在端午时盛行的赛龙舟其实是古代社会的一种风俗。赛龙舟在咱们国家南方地区更加普遍，北方水资源丰富的城市也比较盛行，但北方大部分是玩旱龙舟舞龙船的形式。你说的很对，龙舟顾名思义，的确是一种被雕刻制作成龙形的船。虽说都是龙形的船，但各地龙舟大小不一。

“赛龙舟除了具有传统民俗和宗教意义之外，也是我国民间的一项体育娱乐项目。赛龙舟需要团队协作，十几个人甚至几十个人在一条船上，只有听着鼓点，所有人的劲儿往一处使，才有可能用最快的速度到达终点，这就是我们常说的团队精神。

“起源于我国古代的赛龙舟，在 1980 年被列为中国国家体育比赛项目，现在已经逐步发展成一种世界性的运动了，德国、美国、加拿大、澳大利亚等国都会举办龙舟大赛。尽管这些外国友人不一定非常了解我们的传统，但并不妨碍他们喜欢我们的风俗、参与我们的节日庆祝活动。”

“郭老师，我还知道很多关于端午的传说！”小龙兴奋地说。

“小龙，那你来给同学们介绍一下。”

“伍子胥、曹娥、勾践、介子推……不过流传最广的还是屈原投江的故事。屈原是中国历史上一位伟大的爱国诗人，主要作品有《离骚》《九歌》《九章》《天问》等。以屈原作品为主体的《楚辞》更是中国浪漫主义文学的源头之一。所以，屈原也被称为中国浪漫主义文学的奠基人……”随着小龙的娓娓道来，同学们给予他热烈的掌声。

“同学们，你们喜欢吃粽子吗？”郭老师问。“喜欢！”同学们大声地回答。“不光龙舟在我国的南北方有着明显的差异，粽子这种美食本身花样繁多，在南北方也有着非常大的差异。北方人从小吃的粽子大部分都是用糯米包着红枣，而南方的同学们吃的粽子里面可是有肉的哦。”

看着大家兴奋的小脸，郭老师继续说：“在晋代时，粽子被正式定为端午节的食品。而到了唐代之后，粽子的用米、形状、制作工艺等已经非常讲究了。到了宋代，吃粽子甚至是件很时尚的事情。”听着郭老师生动的讲解，小龙仿佛看到了古人欢聚一堂吃粽子的场景。

“现如今，每年端午节吃粽子已不仅是所有中国人的习惯，更是大家的一种期盼。大人们在这一天团坐在一起聊着乡情，把祝福亲手包进粽子里。孩子们则嘻嘻哈哈地笑着、闹着，等着品尝美味的粽子。端午节快到了，大家记得吃粽子哦！”

二

传统节气

CHUANTONG JIEQI

立 春

——一年之计在于春

小龙的家在北京，这里四季分明，有春的妩媚、夏的热情、秋的丰厚、冬的纯净。小龙的性格也像这四季一样，既有夏一样的热情，也有冬一样的安静。他的爱好非常广泛：唱歌、弹琴、演话剧，像他生命里的春天，充满生机与活力；踢球、游泳、玩滑板，像他生命里的夏天，洋溢着热血沸腾的激情；书法、绘画、计算机编程，像他生命里的秋天，为他的生命带来充盈；而写作，则是他生命里安安静静的冬天——他喜欢在自己心灵的角落里，像个站在生命之外的存在，与自己对话，与大千世界对话。

假如在四季分明的北方，沿着时间的坐标一路前行，从冰天雪地的严冬走到春天，你最先看到的，会是什么？

是草绿花红，鸟啭虫鸣？还是暖阳高照，轻装简行？不，这些都不是。在春的起始，苍茫大地还是一片严寒。你最先看到的春天，是冬天一样的萧条。

小龙一边写下上面的文字，一边望向窗户。今天是立春日，可萧瑟的景象没有一点春天的模样。小龙决定写写立春。

每年阳历的2月3、4或5日，是立春的日子，这是我们老祖先划分的二十四节气中最初的节气。从立春之日起，春夏秋冬一年开始，循环往复，没有尽头。

也许我们的祖先没办法弄明白地球是围绕太阳运转的，但他们通过观察太阳的规律，将一年分成360度，再将360度划分成24等分，每等分15度，代表一个节气。每六个节气为一个季节，全年分成春夏秋冬四季。他们用二十四节气指导传统农耕生产和生活起居，在这片富饶的土地上繁衍生息，创造了举世闻名的中华文化，养育了一代又一代自强不息的中华儿女。

他们曾利用一种叫作土圭的器具来观测日影，将每年日影最短的那一天定为“日长至”，因为这一天是在夏天，所以也叫作夏至；而将日影最长的日子定为“日短至”，因其发生在冬天而称作冬至。他们发现一年中有两天昼夜时间长短相同，分别在春季和秋季，于是把这两天分别叫作“春分”和“秋分”。二十四节气的命名反映了季节、物候现象、气候变化三种特征。反映季节的是立春、春分、立夏、夏至、立秋、秋分、立冬、冬至，又称八位；反映物候现象的是惊蛰、清明、小满、芒种；反映气候变化的有雨水、谷雨、小暑、大暑、处暑、白露、寒露、霜降、小雪、大雪、小寒、大寒。我们的老祖先，真是既充满理性的智慧，又有生活的情趣。

立春的日子，和冬天没有那么大的分别，我们的祖先却已经知道：春天来了，天气就要暖和了，从此“阳和起蛰，品物皆春”，万物开始复苏，大地将是一片勃勃生机，他们要进入春耕农忙时节了。

他们甚至将立春的十五天也分成三候，并且非常清楚地指出每一候将会发生的事：“一候东风解冻，二候蛰虫始振，三候鱼陟负冰”，是说：立春前五天，东风送暖，大地解冻；中间五天，蛰居的虫类慢慢在洞中苏醒；最后五天，河里的冰融化，鱼开始到水面上游动，此时水面上还有没完全融化的碎冰片，如同被鱼背着一般浮在水面。

多么美好的画面，你有没有被我们祖先的智慧所折服，为身为他们的后代而无比骄傲与自豪？读一读他们的文字吧，你的心会与他们的心交融在一起。

抬起头，小龙的脸上露出开心的笑容。这是个值得纪念的日子，从今天开始，大地万物将从沉睡中醒来。“最是一年春好处，绝胜烟

立春

柳满皇都。”一年中最美好的日子即将到来，小龙伸伸懒腰，轻轻吐出两句美丽的诗句。

小龙知道，立春过后，还要经过雨水、惊蛰、春分、清明和谷雨，美丽的春天才算过完，整个过程大约有九十天。这是从生命孕育到茁壮生长的九十天，是一年之中大自然变出的第一个神奇的魔术。“我要去观察、去发现、去体会，去看看生命力量的生发与展示。”小龙在心里对自己说。

立 夏
——万物至此皆生长

立夏这一天，小龙再次提起笔。他在立春日写的那篇散文参加学校的作文比赛，获得了一等奖。他高兴坏了，给自己定了个小目标，就是要把四季写全。

我们的祖国幅员辽阔，地貌丰富，气候类型多种多样。有四季如春的昆明，有全年无冬的华南沿海，也有冬长夏短的青藏高原。仅从感观上为全国各个地方分出春夏秋冬四季，是不科学的。所以，我们依据老祖宗划分的二十四节气，来明确四季的划分。

小龙下笔如有神助：

二十四节气是按农历测算出来的。每个季节包含六个节气，春季包括立春、雨水、惊蛰、春分、清明、谷雨，夏季包括立夏、小满、芒种、夏至、小暑、大暑，秋季包括立秋、处暑、白露、秋分、

寒露、霜降，冬季包括立冬、小雪、大雪、冬至、小寒、大寒。其中，立春、立夏、立秋、立冬简称四立，表示四季的开始。

每年阳历的5月5日、5月6日或5月7日，是二十四节气中的第七个节气——立夏，此时的太阳到达黄经45度，春天已经完成了历史使命，却依旧斗志不减，就像跑道上冲刺的运动健将，稳稳地把接力棒传给了早早等候的夏天。

夏天接过这接力棒，带着朝天的热情奔跑起来。立夏是夏天的第一个节气，虽然只有短短的十五天，却一刻也没有闲着。它也分成三候，每候有五天。我们的祖先在《逸周书·时讯解》中写道："立夏之日，蝼蝈鸣。又五日，蚯蚓出。又五日，王瓜生。"是说如果听到蝼蝈（或是青蛙）在田间不停地鸣叫，就可以知道，立夏已经接过春天的接力棒，炎热的夏天来到了。听着青蛙叫五日，就会看到田野里的蚯蚓已经耐不住地下的黑暗，迫不及待地钻出地面翻土了。再五日，会有一种叫作王瓜的葫芦科植物，也不甘寂寞地开始快速攀爬生长。多么形象又准确的描述啊，小伙伴们不妨走出去，看看是不是这么回事。

除了四季如春的昆明和冬长夏短的漠河等特殊地区，对全国大多数地方而言，从立夏之日起，将迎来一个温度明显升高、闷热来临、雷雨增多、农作物生长进入旺季的重要季节。

在古代，人们非常重视立夏的礼俗。早在周朝，立夏的这一天，帝王就要亲率文武百官到京城的郊区去举行迎夏仪式，勉励农民抓紧耕作，表达对丰收的祈愿和对美好生活的期盼。到了后世，立夏还有尝新等有趣的节日活动。有的地方有“立夏见三新”的谚语，这“三新”有的地方指樱桃、青梅和麦子，也有些地方指樱桃、青梅和鲥鱼，用来举办祭祖仪式；有的地方尝新的食物则更为丰盛，有“九荤十三素”之说；还有的地方有吃煮鸡蛋、鸭蛋，玩斗蛋游戏的习俗。

小龙写到这里，忽然想到，古代的文人墨客会不会也如他一样，在这样美好的日子里，想要用文字记录自己的感受呢？于是，他打开电脑，查找初夏时节的诗词。他找到了宋代杨万里写过的一组七言绝句《初夏即事十二解》，那里面的十二首诗都是关于立夏时节的。

小龙轻轻地吟诵着其中的一首，他看到那美好的诗句里，有舒适的季节，有美丽的风景，还有热爱生活的人。小龙被诗句深深地感动着，他忽然意识到，生活在这样一个文化底蕴深厚的大国，是一件多么幸福的事。

立夏

初夏即事十二解（其四）

［宋］杨万里

從教节序暗相催，历日尘生懒看来。

却是石榴知立夏，年年此日一花开。

立秋

——“秋老虎”来势凶猛

秋天是个狠角色。

小龙写下这几个字，忍不住偷偷笑了。他要把秋天这家伙写成什么样，自己都不知道。

它登场的时候轰轰烈烈。在阳历的8月7日到9日，太阳到达黄经135度，此时正是一年中暑气最盛的时候，气温很高，气压很低，湿度非常大，几乎见不到风的影子，对我国大部分地区来说是最难熬的一段日子——溽热难耐的三伏天，所以人们总是说：这“秋老虎”来势凶猛。

秋天的离开也是野蛮狂横的。这只身披战袍的性烈猛虎，会裹挟着铺天盖地的严寒，席卷着满世界的落叶，在漫无边际的烈风的助威中咆哮而去。

立秋

小龙非常喜欢秋天。秋天是个甜蜜的季节，天气渐爽，各种水果比赛般地登场，就连空气里都是甜甜的味道。可是，他不写的时候也没想过，这一写才发现，秋天的登场和离场，都是如此地霸气十足。

秋天的性子就是这么刚烈。它的六个节气，每一个都非常有个性。立秋时候的三伏天，像蒸笼一样，但早晚已经有些许凉意。到了处暑时节，北方大部分地区的暑气就真的消散了，每场秋雨都会带来更深的凉气。南方则不然，南方的“秋老虎”一般要到处暑结束后才会恋恋不舍地离开；等到了白露时节，凉爽的秋天才算真正来临。所以有俗语云：“处暑十八盆，白露勿露身。”是说处暑仍热得不得了，每天要用一盆水洗澡，过了十八天，到了白露，就不要再赤身裸体地冲凉了，以免着凉。白露过后是秋分。“秋分”这两个字，表示这一天将秋季一分为二，同时也将昼夜一分为二，从此秋天的感觉才算正式来临。之后的寒露与霜降，会真正让人感觉到秋风扫落叶的残酷无情。

立秋这个节气的十五天里，我们的古人也将它分为三候，每候五天，有“初候凉风至，二候白露降，三候寒蝉鸣”之说。是说立秋之后，我国许多地区就要开始刮偏北风了，偏南风则逐渐减少。

北风给人们带来了丝丝凉意，这就是一候。紧接着，由于白天日照仍很强烈，夜晚的凉风刮来，形成一定的昼夜温差，空气中的水蒸气经过一夜的降温，会于清晨在室外植物上凝结成一颗颗晶莹的露珠，这就是二候。而到了立秋这个节气的最后五天，则到了蝉最幸福的时候，由于食物充足、温度适宜，蝉会在微风吹动的树枝上得意地鸣叫，好像告诉人们炎热的夏天就要过去了。

今天立秋，的确如小龙所写的那样，“秋老虎”凶得很，让躲在空调房里的小龙简直不敢往外冒头。可是，小龙知道，从这一天开始，一早一晚就要有凉风送爽了，这闷热的天气不过是夏天的余威。

“秋天，你知道我有多爱你吗？”小龙悄悄对秋天说。他取出笔墨，将宋代晁说之的一首七绝《七月五日立秋》用毛笔写在宣纸上。

七月五日立秋

[宋] 晁说之

故庐归客不胜愁，可是人间晚立秋。
收潦水清如可待，无穷蛭螾看沈浮。

立　冬

——气温降、蛰虫伏藏

我国地处东亚季风区，气候条件非常复杂，降水、刮风、气温等气象要素变率相当大；并且幅员辽阔，南北纵跨有数十个纬度，南北方存在强烈的温度和气候差异。所以，我们很难将冬天的感觉一言以概之。尤其是在立冬之后，南北方的温差将进一步加大。11月，在我国的青藏高原大部、内蒙古和黑龙江的北部地区，平均温度已达 -10℃左右。最北部的漠河与最南部的海南海口，两者的温差可达 30℃～50℃之多。在北方许多地方已是风干物燥、万物凋零、寒气逼人的时候，华南却仍是青山绿水、鸟语花香、温暖宜人。所以，在南方过冬与北方相比，是两种完全不同的感受。

小龙一直在想，要怎样写立冬才能让自己满意。直到他提起笔来，一个声音在他耳边响起：可不可以像个学识渊博的小博士一样，不光写自己熟悉的北京的立冬，而是站在全国的角度写？

小龙茅塞顿开。

立冬

最具典型意义的冬季，当属北方大部分地区的冬季。像命运交响曲那雄壮的奏响，北方冬天的步子迈得也是雄赳赳气昂昂。在每年阳历的 11 月 7 日或 8 日，太阳到达黄经 225 度的时候，嚣张的北风会鼓吹着绝情的落叶，敲击着声势浩大的鼓点，轰轰烈烈地催促着冬天的到来。

写到这里，小龙思如泉涌。

我们的祖先对立冬时节的三候是这样表述的："立冬之日水始冰，又五日地始冻，又五日雉入大水为蜃。"是说从立冬之日起前五天，户外的水开始结冰了；从第五天到第十天，苍茫大地开始冻得硬邦邦的；到了立冬的最后五日，野鸡一类的大鸟便冷得钻进了海里，变成海中的大蛤蜊了。看，我们的祖先多么善于联想，他们发现立冬之后，野鸡这些大鸟就找不见了，可是海边却出现很多外壳与野鸡的形状及颜色相似的大蛤蜊，于是他们觉得，这野鸡实在是太怕冷，便在立冬后把自己变成大蛤蜊了，他们一定为"野鸡变大蛤"编过很多有趣的故事。

小龙越发像个小博士，把自己平时看书储备来的知识全都用上了。

冬季是一年中气候最寒冷的季节。此时的大自然阴气极盛，阳气闭藏，树叶带着恋恋不舍的别绪，挥别这个寒冷的世界；广袤的大地千里冰封，曾经火热的太阳也冷静下来站得远远地观望。在北方，绝大多数的生物都会在严寒之中将自己藏起来，进入冬眠状态，并以此养精蓄锐，为来年春天的复苏做着充分的准备。在古籍《月令七十二候集解》中对“冬”这个字的解释是：“冬，终也，万物收藏也”，是说秋季丰收的农作物全部晾晒完毕，收藏入库，动物也已藏起来准备冬眠了。所以，立冬不仅仅代表着严寒的来临，对我们的祖先来说，立冬更是有万物收藏、规避寒冷的用意。寒冷的冬季，也是养精蓄锐、蓄势待发的季节。

写至此，小龙学着妈妈的样子，又写下了一首关于立冬的小诗，他打算等妈妈下班回家，第一时间就跟她分享。

立　冬

感觉昨夜
还在灯下戏夏虫。
明日遥远，
仿佛神秘的泉水，
在深山里叮咚。

却看到树木冷着脸，
挥落满袖叶子，
舞在空中。

枯黄来势凶猛，
时光匆匆，
想说深秋的残酷
令人疼痛。
太阳告诉我，
这风来的日子
已是立冬。

晨曦刚过，
月色已朦胧，
严寒中蓄藏着的
是等待春来的冲动。

三 传统文化

CHUANTONG WENHUA

戏曲

——生旦净末

“原来姹紫嫣红开遍，似这般都付与断井颓垣。良辰美景奈何天，赏心乐事谁家院？朝飞暮卷，云霞翠轩，雨丝风片，烟波画船。锦屏人忒看的这韶光贱！”

一段华丽婉转的唱腔从音响里传来，余音袅袅，令人沉醉，很多同学连主持人后面的提问都没有听到。

“叮咚！”二号选手陆晓雯迅速按下了抢答器。她听得清清楚楚，主持人的问题是：“这段唱腔选自哪个戏曲中的选段，曲名叫什么？”

“这段唱腔出自昆曲《牡丹亭》选段，曲名叫《游园惊梦》，是用曲牌《皂罗袍》演唱的，这是昆曲的代表剧目。”晓雯站起身，镇静自若地回答。

如潮的掌声响起，大家为这个十二岁的小姑娘的博学多才折服。连主持人也不住地赞叹：“回答得特别好，又准确又全面。希望你在后面的比赛中，继续出色发挥。”

生旦净末

当然，我一定会赢得比赛的！晓雯在心中默默给自己鼓劲。三年一次的传统文化知识大赛*正在全市各个学校如火如荼地举行，如果能够在学校组织的四次比赛中脱颖而出，晓雯就可以参加市里的比赛，并有希望代表本市去参加全国的比赛了。那是件多么荣耀又幸福的事！今天是第一场比赛，主题是中国传统戏曲。对于这场比赛，晓雯非常有信心，毕竟她出生于梨园世家，姥姥是昆曲演员，妈妈是京剧演员；自己除了学过昆曲、京剧外，还学过评剧和豫剧，虽然年龄小，功力尚浅，但一般的戏曲知识还是难不住她的。

“我国历史上，最先使用‘戏曲’这个名词的人是谁？”主持人像是故意要给晓雯出难题。接着提出的这个问题，一下子把晓雯炸懵了，她放在抢答器上的手一抖，终是没有按下去。

“叮咚！”三号抢答器却得意地叫起来。

一个男生站起来，不是别人，正是我们的小龙同学——周玉龙，只听他声音干脆得像敲响的铜铃：“我知道，是汤显祖。”

“回答错误，减十分。我国历史上最先使用‘戏曲’这个名词的人是宋代的刘埙，他在《词人吴用章传》中提出了‘永嘉戏曲’。他所说的‘永嘉戏曲’就是后人所说的‘南戏’‘戏文’和‘永嘉杂剧’。从近代王国维开始，才把‘戏曲’用来作为中国传统戏剧文化的通称。”

---

* 此大赛为本书作者根据内容需要构想而来，如有雷同，纯属巧合。

小龙怏怏地坐下，晓雯心里暗自发笑。她知道，汤显祖是我国明代的戏曲家、文学家，《牡丹亭》就是他的代表作，被改编成各种戏曲，传唱了数百年之久。

“下一个问题，我国的传统戏曲种类繁多，请举例说出五种形式。”

晓雯立刻又按下了抢答器。这个问题可难不倒她，她知道我国的戏曲种类有好几百种，一年三百六十五天就是一天听一种也听不完，举五个戏种简直就是小儿科。

“京剧、昆曲、豫剧、评剧，”她一口气先说出了自己熟悉的四个剧种，喘了一口气才接着说，“还有粤剧、淮剧、川剧、秦腔、沪剧、晋剧、汉剧、河北梆子、河南越调、河南坠子、湘剧、湖南花鼓戏。”

“哇，知道这么多！我们大家为二号选手鼓鼓掌，好不好？”主持人不由得再次向她竖起大拇指，“那接下来这个问题，应该还是难不倒她，这是一道自我展示题，四位选手都可以作答，评委根据四位选手的表现给分。这道题目是，请四位选手各自展现一下自己在传统戏曲方面的造诣。可以表演，也可以阐述自己对戏曲的理解，或是自己了解的其他关于戏曲的知识。”

一号同学起身，介绍了戏曲的发展历程。二号晓雯端起腔调唱了一段京剧《白蛇传》选段，赢得了满堂彩。三号小龙虽然分数不高，但整场表现积极主动，举手投足间透着自信，明显实力不俗，即使成绩落后也没有一点低沉情绪，他精神饱满地表演了一段武生的猴戏，那滑稽的样子、干净利落的动作令人耳目一新。四号同学讲了戏曲脸谱的知识，也是非常精彩。

最终，陆晓雯同学以绝对高票，赢得了传统文化知识大赛戏曲专场比赛的胜利，她开心地笑了，仿佛看到自己距离市级比赛又跨近了一大步。小龙在心里不由地为她鼓掌。

书法

——方寸乾坤

“妈妈，我们要进行第二场传统文化知识大赛了，主题是书法，快来给我加把劲！”小龙背起书包，都已经走到电梯口了，又跑回家。

“书法主题你有优势，这么多年的书法怎么会白练？关键时候可要把绝活拿出来！”妈妈笑嘻嘻地说。

“当然！”与妈妈击掌而别，小龙信心满满地上学去了。

“中国书法有几种书体？请说出每种书体的代表人物。”主持人不紧不慢地抛出第一个问题。

“叮咚！”抢答键又被上次那个叫陆晓雯的女生按响了，急得小龙直冒汗。

“中国书法有五种书体：真草隶篆行。真就是楷书，代表人物是欧阳询、颜真卿、柳公权、赵孟頫。草书代表人物是张芝、张旭、怀素。隶书代表人物是蔡邕。篆书分大篆和小篆，大篆在前，甲骨文、金文、石鼓文在秦代统称为大篆。秦始皇统一中国后，命令丞相李斯整理文字，将大篆简化成统一字体，称‘小篆’，其代表人物是李斯。行书的代表人物是苏轼、黄庭坚、米芾和蔡襄。”

晓雯一看就是有备而来，回答得完整准确，惹得小龙都不由得投去钦佩的目光，评委和观众们也为她鼓起掌来。

“下一个问题，我一定要抢到！”小龙暗暗给自己打气。

“第二个问题，天下三大行书指哪些？由谁创作的？”

“叮咚！”这次小龙可算是抢上了，他毫不犹豫地说出答案：“天下第一行书是东晋书法家王羲之的《兰亭序》，第二行书是唐代颜真卿所书《祭侄文稿》，第三行书是苏轼的《黄州寒食帖》。”小龙答完，看到评委们向他致以赞赏的微笑。

“第三个问题，什么是石鼓文？”这个问题被四号选手抢到了答题权。

“石鼓文是先秦时期的刻石文字，因刻在外形似鼓的石头上而得名。其刻石发现于唐初，共计十枚，高约三尺，直径约二尺，每枚刻有四言诗一首，共十首，计七百一十八字。字体在古文与秦篆之间，一般称为‘大篆’，是秦始皇统一文字的基础。”

终于到了最后一关，就是展示各自的特长，是小龙大显身手的

千字文
天地玄黄宇宙洪荒日月
盈昃辰宿列張

时候了。

一号选手展示了一幅自己的书法作品，内容是唐代李峤的五言律诗《书》：“削简龙文见，临池鸟迹舒。河图八卦出，洛范九畴初。垂露春光满，崩云骨气馀。请君看入木，一寸乃非虚。”他的草书笔酣墨饱，落笔自然，令人称绝。

四号选手展示了一段书法脱口秀，将历代书法大家和作品进行了系统梳理，语言诙谐欢畅，令人忍俊不禁。

两位选手已经难分伯仲了，没想到晓雯一出现更是惊艳全场。她唱了一首古风歌曲，题目叫《隶书》。

隶　书

秦时风，
汉时雨，
无情忘川隔。
千载烟云终成梦，
岁晚琵琶声落。

花前画，
月下诗，
春影邀兰客。

回望当年折柳处，
漫天烟絮飘过。

蚕头顿，
雁尾活，
一波起三折。
春风词笔争起落，
为谁幽婉而歌？

她唱功深厚，声音美妙得像百灵鸟在鸣叫，让人仿佛看到美丽的仙子伴随着歌声翩翩起舞洒下一片春色。现场由沉醉的宁静到爆发出热烈的掌声，气氛达到了高潮。

要想超越晓雯，不剑走偏锋是不可能的。小龙缓缓地走到台前，向评委和观众们鞠躬：“我想现场书写一幅作品，同时朗诵一首由我妈妈创作的诗歌：《行书》。”

在场的评委都是知名书法家，本就有在比赛结束之后现场书写作品的环节，所有的笔墨纸砚像专门为小龙预备的一样。

小龙站在覆盖宣纸的展板前，持笔

蘸墨，口中念念有词：

行书

曲水流觞的酒
醉得倒兰亭，
醉不倒岸边含烟柳。
酒后写下的春秋
是你带不走的魔咒，
在这千年之后
依旧尽是风流。

睡梦里惹出的愁
躲得掉日光，
躲不掉夜色温柔。
那是你的手
教我握住笔，
一刻不停留；
笔端流下的
是你说好的守候。

思念不老，
记忆依旧。
寻着你的气息，
在岁月的溪边停留；
你依稀的倒影
还在水里头。
月过花篱春影秀，
虫嗜流年秋叶瘦。
不知是谁
用写行书的笔
把你坐过的石头
书写成不朽。

声音抑扬顿挫地起落，手上行云流水。朗诵结束，天下第一行书“兰亭序”跃然纸上。小龙技惊全场，获得了第二场比赛的胜利。

诗 词

——千年智慧

第三场比赛是诗词专场。前两场比赛的获胜者晓雯和小龙都非常紧张，两人都立志要拿下这一场。

有消息称这场比赛将会出现某种形式的变化，具体是什么，谁也无从知晓。比赛希望能够选拔出真正有实力、有能力的选手，而不是只会突击应付比赛的人。

这就让人不知道该怎么准备了，晓雯和小龙都有些茫然。

晓雯开始背诵古诗词。她想到，中央电视台《中国诗词大会》中，改良版“飞花令”影响很大，极有可能会被比赛借鉴。于是，她把所有的时间都用在背诵上了，诗词量突飞猛进。

小龙也想到了“飞花令”的比赛形式，却没有下大力气准备。他当然不是要放弃比赛，一来背诵本就不是他的长项，二来他还另有考虑。

小龙认真思考了一下比赛的目的。他认为，既然主题是“传统文化知识大赛”，那么不管形式如何变化，注重知识的考察应该是不会变的，所以对诗词基础知识的储备应该必不可少。妈妈是个诗人，当然还是要求助于她。

妈妈帮助小龙整理了一些古典诗词方面的基础知识：

1. 我国最早的诗歌总集是什么？请详细介绍这部诗歌总集。

答：我国最早的诗歌总集是《诗经》，收集了西周初年至春秋中叶的诗歌共三百一十一篇。其中六篇为笙诗，即只有标题，没有内容，称为笙诗六篇。剩下的三百零五篇在内容上分为《风》《雅》《颂》三个部分。《风》是周代各地的歌谣；《雅》是周人的正声雅乐，又分《大雅》和《小雅》；《颂》是周朝国家和贵族祭祀的乐歌，又分为《周颂》《鲁颂》《商颂》。

2. 我国诗歌的发展轨迹是怎样的？

答：我国诗歌的发展轨迹为：《诗经》→《楚辞》→汉乐府诗→魏晋南北朝民歌→唐诗→宋词→元曲→明清诗歌→现代诗、新诗。

3. 什么是诗词中的词？

答：词最初称为“曲词”或“曲子词”，是配音乐的诗，由长短句组成，全篇字数是有一定要求的，每句的平仄也有要求。词按字数多少可分为三类：五十八字以内为小令；五十九到九十字为中调；九十一字以上为长调。

4. 什么是词牌？

答：词牌，就是词的格式的名称。词的格式和律诗的格式不同：律诗只有四种格式，词则总共有一千多种格式，这些格式称为词谱。为了便于记忆和使用，人们给它们起了一些名字，这些名字就是词牌。有时候，因为它们是同一种格式的若干变体，几种格式合用一个词牌；有时候，因为各家叫法不同，同一种格式又有几个词牌名。

5. 古四声与今四声的区别是什么？

答：声调是汉语的特点，语音的长短、高低、升降构成了汉语的声调。随着时间的推移，我们现在的普通话与古人的发音已经有了很大不同。大家都知道，今天普通话的声调有四个，我们称之为：阴平声、阳平声、上声、去声，就是常说的四声。用语言来表述就是：阴平声是不升不降的高声调；阳平声是不高不低的中升调；上声是低升调；去声是高降调。

古四声则与今四声不完全一样，包括“平上去入”四种发音。其中的平声，到了现在分化成阴平和阳平；上、去两声仍然是上、去两声；重要的是入声，在古代是个短促的调子，在普通话里则完全没有了，分别化入四声中去了。

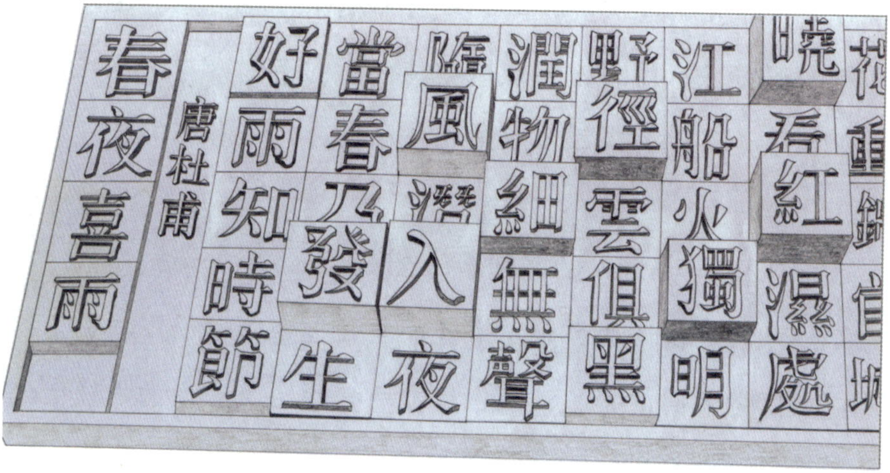
春夜喜雨
唐杜甫
好雨知時節
當春發生
風入夜
潤物細無聲
野徑雲俱黑
江船火獨明
曉紅濕處
花重

6.关于平仄问题。

答：古代诗人们为了诗歌的抑扬顿挫，而把四声分为平仄，在古诗词中有严格的要求。其中，平就是平声，仄就是上去入三声。基于古四声演变成今四声的规律，我们只须将今四声中的一二声当作平声、三四声当作仄声。特殊的是入声字，因分化入四声中，那些化入平声字里的入声字也是仄声，则需要单独记忆。

7.律诗的特点是什么?

答：律诗的特点有四个：一是每首限定八句，五律共四十字，七律共五十六字；二是押平声韵；三是每句平仄都有规定；四是每篇必有对仗，对仗的位置也是有规定的。

8.关于律诗的平仄问题。

答：五言的平仄有四个类型，构成两联。即：仄仄平平仄，平平仄仄平；平平平仄仄，仄仄仄平平。

七言的平仄也是四个类型，构成两联。即：平平仄仄平平仄，仄仄平平仄仄平；仄仄平平平仄仄，平平仄仄仄平平。

经过妈妈的培训，小龙掌握了诗词的基本理论和简单格律，并且能按照格律作出简单的诗句了。他忽然觉得，曾经理解不了的古诗词，原来这么有意思。有人说写诗是在钢丝上跳舞，果然不错啊。他试着按新学的格律知识创作了一首七绝：

冬

枯藤有意枝才重，
冷月无心雾却浓。
舞榭歌台空念远，
淡铅浓墨画寒松。

第三场比赛的结果是什么？相信你已经有了答案。没错，小龙获胜了。

非遗
——传承经典

经过三轮紧张激烈的比赛，学校基本上已经确定了推荐参加市里比赛的选手，那就是小龙和晓雯。他俩各有所长，难分伯仲，如果可以强强联合，将会取得不可估量的效果。因此，第四轮非遗问题的比赛，与其说是比赛，不如说是给他俩一次合作的机会，让他们共同完成一次挑战，利用半天的时间，向全校同学进行非遗项目的普及和宣传。

两位同学欣然接受任务，他们都信心满满，立志发挥出最好的水平。

两人首先进行了一次沟通，决定第一步先搜集非遗相关的知识和材料，然后再根据专长进行分工，设计多种形式来进行宣讲。

经过好几天课后的忙碌，他俩将搜集来的非遗知识进行了整理，并做成 PPT。他们准备从以下几个方面来宣讲。

1. 什么是非遗？

根据 2003 年 10 月在联合国教科文组织第 32 届大会上通过的《保

传承经典

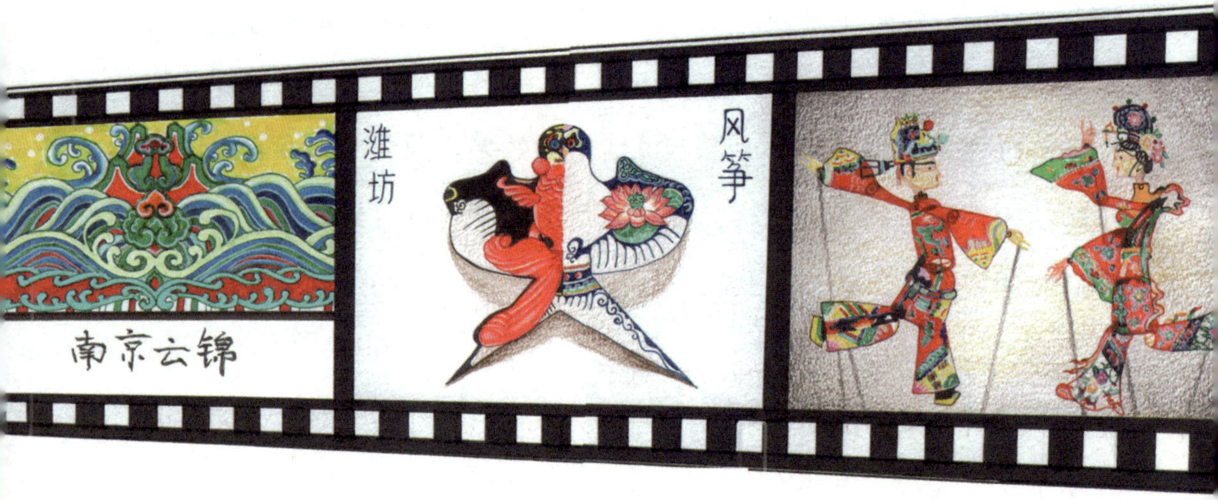

护非物质文化遗产公约》第二条的表述，非遗的全称是“非物质文化遗产”，是指被各社区、群体，有时是个人，视为其文化遗产组成部分的各种社会实践、观念表述、表现形式、知识、技能以及相关的工具、实物、手工艺品和文化场所。这种非物质文化遗产世代相传，在各社区和群体适应周围环境以及与自然和历史的互动中，被不断地再创造，为这些社区和群体提供认同感和持续感，从而增强人们对文化多样性和人类创造力的尊重。

因此，非物质文化遗产又称口头或无形遗产，是相对于有形遗产即可传承的物质遗产而言。简单地说，就是我们的先人创造的，以传统、口头表述、节庆礼仪、手工技能、音乐、舞蹈等为代表的，不是以物质形式传承下来的遗产。

2. 世界及中国是如何对非遗进行保护的?

2003 年 10 月，在联合国教科文组织第 32 届大会上通过了《保护非物质文化遗产公约》，希望保护以传统、口头表述、节庆礼仪、手工技能、音乐、舞蹈等为代表的非物质文化遗产。《公约》于 2006 年 4 月生效。

《公约》特别对各国和各地区现有的非物质文化遗产进行清点，列出急需抢救的重点和有重要代表意义的遗产项目，成立由专家和各会员代表组成的非物质文化遗产保护委员会，协调有关工作。中国于 2004 年 8 月加入该公约。

联合国教科文组织的专门委员会每年都会审议各国申报的非物

质文化遗产，然后决定是否将其列入名录。目前，联合国教科文组织编制了“人类非物质文化遗产代表作名录”“急需保护的非物质文化遗产名录”和“优秀实践名册”三项人类非遗名录。

为使中国的非物质文化遗产保护工作规范化，我国发布《关于加强文化遗产保护的通知》，并制定“国家 + 省 + 市 + 县”4 级保护体系，成立专门的非遗保护机构，每年都会评选出各级非遗项目和非遗传承人并加以保护。

3. 例举非遗项目。

非遗的项目非常多，像民间歌曲、传统戏曲、民间传说、民间体育和武术项目等，小龙喜欢的书法、晓雯热衷的戏剧都是我国的非遗项目，这下，他俩可以大显身手了。

此外，他俩还搜集了很多非遗产品，像南京云锦、潍坊风筝、泰山皮影戏、安徽砖雕、北京雕漆、景德镇瓷器等，通过展台的方式进行展示。

活动当天，他俩用 PPT 向同学们清晰地介绍了非遗相关知识，通过幻灯片演示了很多种非遗项目，通过展台介绍一些非遗产品。最后，他俩各自进行了书法和戏剧的表演。他们通过这些展示告诉大家，非遗项目是我们祖先留下的宝贵的文化财富，是非常美好并且饱含智慧的，我们这一代人有责任也有义务将它们传承下来，并且发扬光大。

同学们对他们报以热烈的掌声，就连吹过枝头的风都笑眯眯地跟着一起鼓起掌来。

四

法定节日

FADING JIERI

五一国际劳动节

每年的5月1日，几乎都是天清气朗、温度适宜的好日子，恰逢国际劳动节，很多家庭都会利用“五一”小长假举家出行、游山玩水。小龙家也不例外。

“小龙，你知道五一劳动节是怎么来的吗？大家都出来玩，也没有人劳动，为什么叫作劳动节啊？”自驾游的路上，妈妈忽然问小龙。

“这您可难不倒我。”小龙开心地说。就在前不久，他刚做过手抄报，把劳动节的来历了解得清清楚楚。他滔滔不绝地讲起来——

18世纪末的资本主义国家，资本家为了榨取更多剩余价值，刺激经济发展，就靠不断地延长劳动时间、加大劳动强度来疯狂压榨劳动人民。在当时的美国，工人的劳动时间居然达到每天14～16小时，有的甚至达到18小时。就在这种境况下，工人却只能获得极

劳动最光荣
外卖
环卫

低的报酬，基本的生活需求都无法得到保障。

这种不顾人的生命健康、没有人权的压迫，激起了劳动人民的愤怒与反抗。要争取改善生存条件，唯一的办法就是团结起来，通过罢工与资本家作斗争。

1877 年，美国历史上第一次全国大罢工开始了。劳动人民停下了手里的活，纷纷走上街头举行游行示威，他们提出了改善生活条件、确保劳动安全、缩短工时、实行 8 小时工作制等要求。在罢工运动的压力下，美国国会被迫妥协，制定了 8 小时工作制的法律。但是，有些资本家根本不将其放在眼里，这项法律只不过是一纸空文。

1884 年 10 月，在美国芝加哥举行了一次集会，决定于 1886 年 5 月 1 日举行总罢工，迫使资本家真正实施 8 小时工作制。这一天终于来到了。1886 年的 5 月 1 日，美国和加拿大的 8 个国际性和全国性工人团体，举行了声势浩大的游行示威活动。仅美国就有 2 万多家企业的 35 万工人停工上街，美国的主要工业部门一下子便瘫痪了。5 月 3 日，芝加哥政府出动警察进行镇压，开枪打死了两个人，致使事态扩大。5 月 4 日，罢工工人在干草市场广场举行抗议，有不明身份者向警察投掷炸弹，导致警察开枪，先后共有 4 名工人、7 名警察死亡。这一事件史称“干草市场暴乱”。在随后的宣判中，有 8 名无政府主义者以谋杀罪被起诉，其中 4 名被绞死，1 名在牢中自杀。为了纪念这次伟大的工人运动及抗议随后的宣判，在世界范围内举行了更多的工人抗议活动。这些活动就成为“国际劳动节”的前身。

1889年7月14日，由各国马克思主义者召集的社会主义者代表大会，在法国巴黎隆重开幕。与会代表一致同意：把5月1日定为国际无产阶级的共同节日。这一决定得到了世界各国工人阶级的积极响应。1890年5月1日，欧美各国的工人阶级率先走上街头，举行盛大的示威游行与集会，为自己争取合法权益。

从此以后，每逢这一天，世界各国的劳动人民都要集会、游行，以示庆祝，并对公众放假。

小龙偷偷打开手机，一边照着网上的信息回答，一边假装看向窗外，好像这么长的知识全长在他记忆中一样。

妈妈暗自笑了，她并没有揭穿小龙。人脑毕竟有限，不一定能把所有知识点都记在脑子里，及时通过网络获取知识也是一种重要的学习途径。“我儿子是个聪明的孩子”，妈妈得意地想。

“新中国成立后，当时的中央人民政府政务院于1949年12月作出决定，将5月1日确定为中国的劳动节。1989年后，国务院基本上每5年表彰一次全国劳动模范和先进工作者，每次表彰3 000人左右。现在这个小长假，已经成为我国劳动人民休养生息、合家欢聚的好日子了。”小龙继续说。

妈妈还是忍不住笑了：“小龙，你下次回答问题的时候，如果不想让别人发现你在读稿子，就要用自己的语言组织出来。你说的话书面语气太重，一听就是在偷看文字。你看一些有经验的人演讲或讲话，面前可能会有提词器，但他们既能够利用提词器，又能够不照本宣科，让自己讲出来的话生动自然，这也是一种能力。”

“哈哈！”小龙也扑哧一下笑出声来，“好的妈妈，下次我就有经验了。”

窗外，车流如织，大家都通行在去往幸福的路上。美好的“五一”小长假，像一块令人垂涎的美味蛋糕，充满了甜蜜的味道。

七一中国共产党的生日

“你说，中国共产党的生日是什么时候？”正在备战全国传统文化知识竞赛的小龙，突然没头没脑地问旁边认真查阅资料的晓雯。

“你啊你！”晓雯点了点小龙的头，“全中国的人都知道，7月1日是中国共产党的生日啊！”

“哎哟，还号称‘宇宙无敌小全知’哪，就知道这些吗？还是让我告诉你吧。”小龙立刻来了精神，“那是在1921年7月，各地共产主义小组代表在上海出席第一次全国代表大会。7月23日开始，党的一大在上海一位代表的寓所举行。7月30日，会场突遭巡捕搜查。会议后来转移到浙江嘉兴南湖的一艘游船上举行，这艘游船就是大名鼎鼎的‘红船’。在党的一大上，中国共产党正式宣告成立。正如毛泽东所说：‘自从有了中国共产党，中国革命的面目就焕然一新了。’

“所以，中国共产党诞生已经有一百年了。这一百年可不容易，

推翻了三座大山，进行社会主义建设，可是经历了不少的挫折，也的确取得了不俗的成绩。我们的太爷爷太奶奶辈就经历了战乱。爷爷奶奶辈经历过吃不饱、穿不暖的日子。父母辈小时候还很穷，家里没有电视、电话，马路上也没什么汽车。我们这一辈就什么都有啦！”

“那为什么党的生日要定在每年的7月1日呢？”晓雯也来了兴趣，她合上眼前的书，兴致勃勃地看着小龙。

“这个……”小龙说，“你把这些书放回书架摆放整齐，我就告诉你。”

趁着晓雯的注意力转移到整理书架上面，小龙才偷偷将手中的书翻开，然后继续说道：“那是因为中国共产党于1921年7月23日成立以后，在很长一段时间内都没有条件组织统一的纪念活动。直到1936年，中国共产党已经成立十五周年了，党的一大代表、一位叫陈潭秋的同志，在莫斯科出版的《共产国际》杂志上，发表了一篇文章《第一次代表大会的回忆》，才第一次正式表达了对党的诞生的纪念。这是纪念中国共产党最早的一篇文章，却仅仅是以一大开幕的具体月份为依据的。

“到了1938年，毛主席在《论持久战》一文中提出：‘今年七月一日，是中国共产党建立的十七周年纪念日。’这是咱们的中央领导

不忘初心
牢记使命

人第一次明确提出‘七一’是党的成立纪念日。

“到了 1941 年 6 月，中共中央发出了《关于中国共产党诞生二十周年、抗战四周年纪念指示》，提出：今年‘七一’是中共产生的二十周年，‘七七’是中国抗日战争的四周年，各抗日根据地应分别召集会议，采取各种办法，举行纪念，并在各种刊物出特刊或特辑。这是以中共中央名义下发的把‘七一’作为党的生日进行纪念的第一个文件。从这以后，全党开始大规模地举行纪念党的生日的活动，而‘七一’就作为党的生日固定下来了。‘七一’这个光辉的节日就深深地铭刻在中国人的心里，成为人们每年纪念的一个重要节日，也成为新中国节日文化的一个重要部分。”

“这回你知道了吧？”小龙得意地问晓雯。

“现查现卖是吧？哈哈！”晓雯撇着嘴笑道，“别以为我不知道，你这是从书上看来的！”

“没有啊！”小龙早就合上书了，他谨记妈妈告诉他的，要尽量用口语表达，可怎么还是露馅了呢？

“哈哈，你还不太熟练，这需要练习。”晓雯说，“我知道看着文字用自己的语言表达也是一种能力，咱俩都应该好好练练。”

“好吧。”小龙挠挠头，不好意思地笑了。

八一建军节

8月1日是中国人民解放军建军纪念日，俗称“建军节”。每年这一天，全军都会举行隆重的纪念活动。

晓雯的爸爸陆叔叔是军人，还是军乐团的指挥。陆叔叔不但会很多种乐器的演奏，还长得高大挺拔、英姿勃发，小龙见过后，立刻被他英武的军人形象深深地吸引住了。小龙觉得，这才是男子汉应该有的精神面貌，对陆叔叔的崇敬之情油然而生。当得知陆叔叔要参加部队的纪念活动时，小龙立刻跑过去问：

“陆叔叔，您可不可以带我和晓雯去看看啊？”

“你对军人很感兴趣吗？”陆叔叔非常意外。

“是啊，我希望长大了也能像陆叔叔一样，当一名光荣的解放军战士。”

“哈哈，好孩子，有志气！”陆叔叔摸着小龙的头，非常开心，

“不过，你知道当一名解放军战士为什么光荣吗？”

“可以保家卫国。”

“对，作为一名解放军战士，就是要以保家卫国为己任，身上的担子可不只关乎自己的小家，更关乎整个国家的安危。所以，解放军战士要具备更高的素质，要勇敢，有更多的知识和能力，有组织纪律性，有牺牲精神，当然，还有很多。解放军战士之所以光荣，是因为他们不等同于一般的老百姓，他们永远都要把国家利益放在个人利益之上。”

“嗯，叔叔我懂，所以我也想成为一名解放军战士。”

“那你知道八一建军节的来历吗？”

“我……”小龙眼珠一转，“晓雯，那个……”

“爸爸，您可不可以帮我找一本书？”晓雯忍住笑，立刻默契地接过了话茬。小龙打开手机，一阵翻找。

“我知道八一建军节来自八一南昌起义。1927 年 8 月 1 日，江西南昌，周恩来、贺龙、叶挺、朱德、刘伯承等率领两万多人举行起义，占领了南昌城。当天举行了联席会议，通过了《中央委员宣言》，成立了由宋庆龄、周恩来等 25 人组成的中国共产党革命委员会，通过了《八一起义宣言》等文件，提出‘打倒帝国主义’‘打倒新旧军阀’‘实行耕者有其田’的革命口号。

“后来，8 月 1 日南昌起义的纪念日就被定为中国工农红军的成立纪念日；还在 1933 年的 8 月 1 日，在瑞金叶坪红军广场举行了第一次八一建军节纪念活动。”

“哈哈，小龙懂的还挺多。你还知道哪些？”陆叔叔面带微笑，小龙知道，自己又露馅了。

“叔叔，您是不是觉得我不懂装懂？”

“没有啊，遇到问题能有效地解决问题，是很重要的能力。小龙，我喜欢你这种积极解决问题的态度。”陆叔叔笑着说。

小龙也开心地笑了，拿着手机继续讲道：

“1949 年 6 月 15 日，中国人民革命军事委员会发布命令，以‘八一’两字作为中国人民解放军军旗和军徽的主要标志。军旗是红色，上面缀有金黄色的五角星及‘八一’二字。军徽为镶有金黄色边的五角红星，中间嵌金黄色的‘八一’二字，也称‘八一’军徽。”

“不错，小龙！希望你早日成才，将来做一名合格的军人。不过，部队是有纪律的，这次纪念活动不能随便带人参观，以后有合适的机会我再带你俩去。”

看着小龙略显失望的神情，陆叔叔又一次笑了：“长江后浪推前浪，你们这后浪啊，比我们可强多了！现在你们要做的就是努力学习，锻炼体魄，将来才能成为一名合格的保家卫国的军人。你们有信心吗？”

“有！”小龙响亮地回答。

十一国庆节

1949 年 10 月 1 日，毛主席在天安门城楼上郑重宣布：“中华人民共和国成立了！”全中国都为这一历史时刻热血沸腾。从此，中华人民共和国用“一唱雄鸡天下白”的豪迈气概，开启了神州大地的新纪元。此后每年的 10 月 1 日，都是举国同庆的神圣日子，全国 56 个民族的十几亿兄弟姐妹，在不同的地域，用不同的口音，为了同一份荣耀举行庆祝活动。

时光回到 2019 年 10 月 1 日，小龙和晓雯怀着激动的心情，各自守在电视机前，观看令人自豪的国庆大典。

他们知道，1949 年以前的中国已经到了一贫如洗、积贫积弱的地步，连年的战争令这个历史悠久、文化厚重的泱泱大国满目疮痍，百废待兴。而勤劳善良的中国人民，勇敢地在废墟上站起来，用他们永不逃避、绝不退缩的顽强意志，扛起建设大旗，一切从头开始，一步一个脚印地拼搏，终于用 70 年的奋斗，使中国完成了西方国家花费几百年的工业化进程，成为当今世界上第二大经济体，成为全球经济发展的第一引擎。

这盛世
如您所愿

小龙听爷爷讲，在新中国成立初期，每年的国庆节都会有大型的庆典活动，同时举行阅兵仪式。但 1960 年 9 月，为了勤俭建国，中共中央、国务院决定改革国庆制度。此后，1960—1970 年每年的国庆节都取消了消耗较大的阅兵活动，只在天安门前举行盛大的集会和群众游行。小龙的爷爷一提起那个时候，就思绪万千。那时候的他正值生龙活虎的年龄，也曾作为群众代表出现在天安门广场游行的队伍中。而 1971—1983 年间的 10 月 1 日，北京都以大型的游园联欢活动等其他形式庆祝国庆，将群众游行也取消了。1984 年，新中国成立已经 35 周年了，为庆祝这一历史时刻，在北京举行了盛大的国庆阅兵和群众游行。在此后的十几年时间里，均采用其他形式庆祝国庆，没有再举行国庆阅兵和群众游行。1999 年 10 月 1 日，国庆 50 周年纪念日，终于举行了一次盛大的国庆阅兵和群众庆祝游行，这是中华人民共和国在 20 世纪举行的最后一次盛大的国庆庆典，那时候的小龙爸爸和晓雯爸爸还是大学生呢，也是游行队伍中的一分子，他们一讲起那个过程，简直是滔滔不绝。

70 年前的开国大典上，我们的飞机只有 17 架。70 年后的中国，早已是山河无恙、国富兵强，我们国家的经济实力和军事力量都在高速增长。2019 年国庆阅兵，我们的部队和各种新式武器都以昂扬的风貌，以忠诚和热血，接受了祖国和人民的检阅，在新的历史时期展现出中华民族永远向上、永不言败的精神力量。我们可以用自豪的语言告慰先辈、告慰先烈：这盛世，如您所愿。这些令小龙和晓雯都由衷地感到自豪。

这一天，小龙在日记中深情地写道：

亲爱的同学们，2019 年国庆这一天，你是不是也以激动的心情，守候在电视机前，见证了这一伟大的时刻呢？未来，希望天安门前的阅兵，也会有你我有力的步伐，有你我智慧的付出，有你我热血的参与。

五

继承发扬

JICHENG FAYANG

一带一路

——与世界共荣

“‘大漠孤烟直，长河落日圆。’雁阵隐没在天际，驼队负重艰难前行。雁鸣阵阵，驼铃铮铮，苍茫的景象在古老的‘丝绸之路’上巡演千年。有一条世界上最漫长也最古老的路，成为中国与世界沟通的桥梁，成为最有发展潜力的经济大走廊……

“2013 年 9 月和 10 月，习近平主席先后提出共建‘丝绸之路经济带’和‘21 世纪海上丝绸之路’的重大倡议，合称‘一带一路’倡议，开启了新时代中国对外开放的新征程。”

随着“新征程”三个字的话音落下，小龙也结束了自己十五分钟演讲的练习。这十五分钟里，小龙仿佛在时空隧道中穿梭一般，一会儿驰骋在“丝绸之路经济带”上，一会儿又翱翔在“21 世纪海上丝绸之路”的上空。这种大开眼界的感觉真是前所未有。

最近，小龙和晓雯正在备战一场全

一带一路

球知识大赛*，这次大赛的主题是"'一带一路'沿线古今中外的风土人情和地理地貌"。虽然已经参加过不少比赛，但这次大赛的准备工作对于小龙和晓雯来说，比以往参加的任何一次比赛都要困难。因为不论是古代的"丝绸之路"，还是如今的"一带一路"，都是人类伟大的文明交流通道，需要全方位了解历史，更要及时掌握现在的信息。

我国古代的"丝绸之路"，有着陆上"丝绸之路"、海上"丝绸之路"和草原"丝绸之路"之分。陆上"丝绸之路"起源于西汉，汉武帝派张骞出使西域，开辟了以当时的都城长安（今西安）为起点，经甘肃、新疆，到中亚、西亚，并连接地中海各国，以罗马为终点的陆上通道。由于最初运输的是中国古代出产的丝绸，所以这条商道被叫作"丝绸之路"。这项宏伟的工程在唐代发展到了顶峰，唐王朝曾与三百多个国家和地区相通并交往，每年通过"丝绸之路"来长安的各国客人络绎不绝，更有很多外国人定居中国。而"丝绸之路"的畅通繁荣，也使得古老的中华文明走向了世界，促进了东西方思想文化的交流，对整个世界发展的格局产生了深远的影响。

* 此大赛为本书作者根据内容需要构想而来，如有雷同，纯属巧合。

让小龙和晓雯感到振奋的是，现如今的“一带一路”以陆海双向联动的模式，形成了东西双向互助的新格局。与前人通过骆驼和船只不同，现在是以公路、铁路、水路、空路、管路、信息高速路“六路”的形式，依托沿线的主要国家和港口，逐渐形成人流、物流、资金流、信息流和技术流的新模式。

“你是最棒的！”他俩笑着看向对方，两人的手有力地握在一起，为对方打气。

中国少年先锋队

——未来接班人

6 月 1 日这一天，小龙戴上鲜艳的红领巾，参加学校组织的“庆六一”活动。看着红领巾在胸前飘舞，他想起五年前的一天。

“妈妈，您看看我今天有什么不同吗？”

三年前，那天下午放学后，小龙像只小鸟一样飞到来接他的妈妈身边。

“哟，我的儿子加入少先队啦！”妈妈一眼便看到小龙胸前飘着的鲜艳的红领巾，“祝贺你，小龙同学，你长大啦！”

小龙自豪地挺了挺小胸脯，得意扬扬地说：“妈妈，老师说红领巾是红旗的一角，象征着革命的胜利。它之所以是红色的，是因为它是由烈士的鲜血染红的。作为少先队员，就要继承革命先烈的遗志，做一个爱祖国、爱人民的好少年。”

“那你知道为什么说红领巾是由烈士的鲜血染红的吗？”妈妈笑眯眯地问。这可把小龙给难住了。只见他摸摸自己的小脑袋，憨憨地笑了。

未来接班人

“红领巾其实是1922年2月13日在苏俄莫斯科诞生的。那时候，在苏俄成立了世界上第一个由工人阶级政党领导的少先队组织，却并没有特殊的标志。那时，饥饿、困难正威胁着苏俄人民，人们当然考虑不到少先队的标志问题。列宁的夫人克鲁普斯卡娅十分关心下一代的成长，建议给少先队员们设计一种特有的标志。在一次接受新队员的大会上，来参加会议的先进女工把自己的红色三角头巾解下来系在少先队员的脖子上，勉励他们说：‘戴着它，别玷污了它！它的颜色是同革命烈士的鲜血一样的！’从此，红领巾就这样诞生了，也就产生了它是由烈士的鲜血染红的这一说法。”

“原来是这样啊。”小龙摸着小脑袋，认真地说，“所以，作为少先队员，更应该好好学习，锻炼身体，长大后成为一个有用的人。”

“小龙说得太好了，妈妈真为你自豪！妈妈希望你记住今天的话，也记住你今天这种神圣的感觉，任何时候都想到，你所站立的这个地方就是你的祖国。你是什么样，祖国就是什么样。”

“妈妈，我知道。我们每个中国人，都代表着中国。我们每一个少先队员，都代表着中国的少年。所以，我们的队旗是红色的，象征着革命胜利；队旗中央的五角星象征着中国共产党的领导；而那支火炬，象征少年有着光明的未来。”小龙昂起头，充满向往地说。

“你们学唱队歌了吗？记得妈妈上小学学唱的第一首歌就是少年先锋队队歌。”

“当然啦！妈妈，我唱给您听：我们是共产主义接班人，继承革命先辈的光荣传统，爱祖国，爱人民，鲜艳的红领巾飘扬在前胸……”

悠扬的歌声在空中飘荡，充满了小龙的幸福与希望。

如今，几年过去了，小龙用实际行动证明着，他是一名合格而光荣的少先队员。他每天都在努力，不给红领巾抹黑；他每天都在努力，让自己成为一个更加优秀的人。

缅怀先烈
——传承红色经典

“下面请赵校长做‘拂去历史尘埃，回溯壮美岁月’的主题演讲。”2019 年 10 月 25 日，在主持人小龙激昂的声音中，学校一年一度的文艺汇演接近尾声。这一年的主题是“红色经典”。

在鲜花簇拥的演讲台后站好，赵校长徐徐开口道：“今年是新中国成立 70 周年，本次文艺汇演的主旨‘贯彻十九大精神，弘扬优秀传统文化，培养社会主义新接班人’得到了全面的体现。通过诗歌朗诵、歌曲联唱、舞台剧等各种形式，展现了这些年在我们的生活、工作、学习中发生的巨大变化。

“红色是文化，是中华民族的精神瑰宝，是国家和人民的力量源泉。红色也是思想，是经典的传承。师生们用一首首红歌，唱出了峥嵘岁月里那些不平凡的经历。我看到大家在台下一起跟着哼唱祖国的赞歌，这让我感到热血沸腾。

“同学们，现在的神州大地有一个很流行的词，鼓舞着我们、激励着我们，这个词就是‘中国梦’。什么是梦？其实是人们对美好事

铭记历史 缅怀先烈!

物的一种渴望和追求。那么，‘中国梦’就是我们14亿中国人共同的渴望和追求！

“我们的习主席在参观《复兴之路》的展览时提出：‘实现中华民族伟大复兴，就是中华民族近代最伟大的中国梦。’今年恰逢新中国成立70周年，前些天的70周年大阅兵充分展示了我们的军队保卫国家安全、保卫人民和平生活的坚强决心和强大能力。正因为如此，当我们谈到‘中国梦’时，才感觉那样真切，并非遥不可及。

“同学们，共和国是红色的，我们永远不能淡化这个颜色。在中国共产党创建新中国时，留下了一系列红色的故事。刚才的舞台剧中，大家演得非常好，你看那长征的故事、延安的故事、西柏坡的故事等，多么的生动真实，让我们仿佛身临其境。即使在改革开放这么多年后的今天，我们依然可以通过舞台上同学们的表演，感受到那个时代磅礴的力量，感受到属于整个中华民族的精神。

“同学们，刚才的朗读者所叙述的那一段段经典故事，仿佛就发生在昨天。‘半截皮带’的故事代表了信仰，‘半条棉被’‘八子参军’‘古田军号’‘血染的党证’等等更诠释了革命者们如磐的初心、如山的信仰。它们再现了红军穿越无边的草地、征服连绵的雪山的情景，演绎出一个个感天动地的红色故事，直入人心，直指灵魂。

“同学们，这些红色的经典故事就像一扇扇窗，让我们这些后代了解那段红色历史，重温如火的岁月。我们常说要加快步伐，努力发展。但在向前走，或者说努力大踏步向前走的同时，我们不要忘记过去走过的路。就像网上那句很经典的话：不管走到哪里，不要忘了当初为什么出发。”

…………

在赵校长动情的演讲中，小龙仿佛身临其境地看到了那段峥嵘的岁月，也更明白了作为社会主义接班人的光荣使命。

五星红旗

——我为你自豪

五星红旗迎风飘扬
胜利歌声多么响亮
歌唱我们亲爱的祖国
从今走向繁荣富强
…………

明天就是小龙和爸爸妈妈商量好去天安门广场看升旗的日子了，这一晚，小龙兴奋得不得了，他早早写完作业，一边哼着欢快的歌，一边准备着第二天去看升旗的物品。

爸爸说，天安门广场的五星红旗要跟太阳一同升起，所以他们第二天要早早起床，赶在日出之前到达天安门广场。想着那时候天气应该会很冷，小龙找出了厚衣服。

五星红旗
我为你自豪

一切准备就绪，小龙忽然想到，他还有件重要的事没做。妈妈曾经说过：去博物馆看展览，一方面是去玩，另一方面也是学习知识的过程。而学习最有效的方式，就是提前预习。明天去看升旗，自己当然不仅仅是去看个热闹，而是通过这次活动获取更大的收获，可以也应该提前预习。

都已经爬上床准备休息的小龙，又一骨碌爬起来，打开电脑。他要学习有关国旗的知识。

国旗的样子，他是知道的。中国的国旗叫五星红旗，旗面是红色的，左上方缀有五颗黄色的五角星，其中四颗小星环拱在一颗大星的右面，并各有一个角尖正对大星的中心点。

这五颗星的意义是什么呢？小龙赶紧查阅资料。原来，中华人民共和国国旗的红色象征革命，五颗五角星及其相互关系象征共产党领导下的革命人民大团结，五角星用黄色是为了在红地上显出光明。一星较大，四星较小，四星环拱于大星，并各有一个角尖正对大星的中心点，表示围绕着一个中心而团结。原来，所有的设计都是有意义的。

小龙通过查阅资料，还知道了国旗的设计者叫曾联松。中国共产党在解放战争中取得了胜利，中国人民政治协商会议筹备会在1949年7月发出了征集国旗图案的通知，评选委员会在众多应征国旗的图案中选出了 38 幅候选草图。经过多次讨论和少量修改，曾联松设计的五星红旗最终被选为新中国的国旗。

1949 年 10 月 1 日，第一面中华人民共和国国旗由毛泽东主席在天安门广场首次升起。

作为一名设计者，这是一件多么荣耀的事情啊！小龙的舅舅是一名设计师，小龙理解了舅舅在设计方案获得成功时那种发自内心的喜悦。临睡前，小龙给舅舅打电话，汇报了自己学习国旗知识取得的收获。他对舅舅说："我的理想是成为一名解放军战士。我知道要想成为一名合格的军人，就应该有各方面的知识储备、技能储备。我想要向您学习平面设计。"

舅舅开心地说："太好了小龙，你将来一定会成为最出色的军人！"

这天夜里，小龙做了一个甜甜的梦。而舅舅，好像也在睡梦中笑出了声。

六

大国智造

DAGUO ZHIZAO

航空母舰
——国之重器

房间里静悄悄的，时间仿佛停止了脚步。小龙被什么有趣的事情吸引住了，凝神静气，一动也不动。

爸爸悄悄地探进身子，看着写字台前正全神贯注看书的小龙。好半天，爸爸实在忍不住了，轻声问道：

“小龙，你在看什么，这么认真？”

“啊哟，吓了我一跳！”小龙回过神来，抚着胸口笑道，“爸爸，您知道什么是航空母舰吗？”小龙的眼睛还在盯着眼前的书，舍不得离开。

“原来你是在看这个啊。爸爸也不太清楚，你能不能给我讲讲？”

“当然可以！”小龙一下子来了精神，兴致勃勃地讲了起来。

“航空母舰可不简单，它有‘海上霸主’的美称，为什么这么说呢？”小龙深

大国重器

吸一口气，像要卖个关子，却又舍不得耽误时间让别人没边际地乱猜，赶紧接着往下讲：

“因为，航空母舰是一种以舰载飞机为作战武器的大型水面舰艇，可以供舰载机起降，拥有巨大的飞行甲板和舰岛，是世界上最庞大、最复杂、威力最强的武器之一。您想想啊，如果远离国土，战机会因为油耗问题影响持续作战能力；而如果有航空母舰运输配给，随时为战机供油，战斗力将会有多强大！拥有了航空母舰，就可以不受别的国家欺负了，这可是一个国家综合国力的象征。

“世界上拥有航空母舰的国家并不多，只有军事强国才有这样的实力。我们国家海军的‘辽宁舰’，实际上是苏联海军的库兹涅佐夫元帅级航空母舰次舰瓦良格号。1999 年，中国购买了未完工的瓦良格号，继续建造改进，使之成为我们国家第一艘正式服役的航空母舰。

“‘山东舰’则是中国首艘自主建造的国产航母，2013 年开工建造，2019 年交付海军，是中国自行改进研发而成的，也是第一艘真正意义上的国产航空母舰。”

“哇，这么厉害！”爸爸露出惊喜的神态，旋即又神秘地说，“你知道吗，自古以来，我们中华民族就有着海一样宽阔的胸怀，甚至在我们祖先的辞典中，还有‘海国’这样的词语呢。我国的海洋文化也是非常波澜壮阔的。”爸爸讲的故事，一下子就把小龙吸引住了。

“两千多年前，秦始皇就开始探索海洋了。他相信大海深处有神仙居住的地方，那里藏着长生不老药，就派方士徐福带着数千童男童女、大量金银珍宝，率领由当时最结实的船组成的船队，去大海深处找长生不老药。”

“啊？”小龙瞪大了眼睛，“他们找到了吗？”

“哈哈！”爸爸笑了，“要是找到了，秦始皇现在就跟你是同学了。不过，据记载，徐福空手回来过一次。他告诉秦始皇，大海深处有神山，上面有鲛鱼守候，带的礼物太少，鲛鱼那关过不了，所以没能取回神药。”

“哈哈！”小龙笑得眼睛都眯成了一条缝，“那秦始皇能相信吗？”

“秦始皇当然算是个大英雄，但大英雄也有见识浅的时候啊。他还真就信了。后来，秦始皇再次派徐福带着各种奇珍异宝出海了。”

“我猜这次徐福没回来吧？”小龙捂着嘴笑。

“让你猜对了。不过，在那个时候，没有罗盘、定位仪、雷达、无线电，出海只能根据海风潮汐和观日观星来辨别方位。就那么勇敢无畏地闯进波涛汹涌的大海，徐福也是有着超人的勇气、力量和智慧啊！”

“是啊，那后来中国人还有海外探险的经历吗？”

“有啊，明代郑和七下西洋也是我们的祖先对海洋的探索，开启了古代海外贸易和外交的先河，带来了大航海时代先进的人文思想。所以说，国家的强盛从来就与海洋有着密不可分的关系。”

“爸爸，我从资料中看到，早在 1928 年，时任国民政府海军署长的陈绍宽就提出要建造航母了。但在新中国发展的历史上，真正拥有自己建造的航母却非常晚。这是为什么？”

“因为我们当时的科技力量与发达国家相比还是有不小的差距。所以，你们更要努力学习，将来就看你们的了。”爸爸语重心长地说。

“爸爸，我明白了。我将来想学人工智能，我觉得未来人工智能会在航母上发挥重要的作用。”

“没问题，爸爸一定全力支持你！你要打好基础，将来通过科技的力量去探索更广阔的海洋世界，让我们祖国成为真正的海洋强国。更重要的是，要通过你们的努力，用科技的力量去保护海洋，保卫人类的文明与和平。”

小龙的目光中充满向往，充满力量。

雄安

——千年大计　未来之城

初春的白洋淀碧波粼粼，淀子旁的树枝上已经生出了嫩绿的新芽，迎着微风，正是一派生机勃勃的景象。小龙的爸爸一家祖祖辈辈生活在这里，直到父母这代人来到北京打拼，才离开这片热土。他们从没想过有一天，他们美丽的家乡会变成科技之都、未来之城……

趁着周末，爸爸妈妈带小龙回到了老家雄县。看着周边如火如荼的建设场景，爸爸对小龙讲道："小龙，你知道吗？2017年4月1日，国家决定设立河北雄安新区，我们的老家就不再是地图上看不到的小小雄县了，而是响当当的雄安新区，我们的这片故土将迎来历史性的发展新机遇！"

"真的吗？太好了！雄县会变得很大吗？"小龙拍着手欢呼雀跃。

“应该说雄安新区会很大。它定位为二类大城市，位于河北省保定市境内，雄县、容城县、安新县三县及周边部分区域都在它的范围内。”

“那是不是咱们雄县这里地理位置好，才在这里建设新区的？”

“对啊，也可以这么说。雄安地处北京、天津、保定的腹地，地理位置优势非常明显，交通便捷通畅，生态环境也非常好，资源环境承载能力强，所以发展空间充裕，还是河北自由贸易试验区的组成部分呢。”

“那这里将会大变样吧？”

“当然啦！雄安新区将来会是一座绿色科技城，在全国都是最先进的。大部分区域的交通都依靠清洁能源交通工具。你能想象吗，未来在这里你可以乘坐无人驾驶车辆到达任何你想去的地方，真正做到零污染、零排放。”

“都是无人驾驶的车辆，会不会撞车啊？”

“当然不会。有车联网和智能交通体系的配合工作，这里的交通将更加畅通和便捷，安全性只会更高。而且，这里还会有大面积的园林景观、生态停车场，真正做到绿化全覆盖，充分实现人与自然的和谐相处。这里的建设全部采用符合最高标准的绿色环保新型材料，甚至可以做到在工厂完成生产后，直接运到工地进行装配，这样既没有污染，效率又非常高，真正做到数字化建设。而且这里的路面用的都是高强度的渗水砖，路面下有雨水滞蓄容积空间，暴雨来袭时可以做到不积水、不内涝，让城市排水能力大大提升。”

“嚯，那得多厉害啊！”小龙露出神往的表情。

“还有呐，未来在这里购物时，连手机都不用掏出来，通过人脸识别和语音识别就能完成整个过程。当然，一定还有更多我们想都不敢想的高科技应用场景，像智慧办公、智能会议、信用服务、智慧出行、未来酒店……”爸爸带着小龙走在雄安的大街上，描绘着

那令人向往的景象。

“等我长大了，可以到雄安来工作吗？”小龙充满希冀地问爸爸。

“当然了，我的儿子，希望你将来能把咱们的家乡建设得更加美好！”爸爸抚摸着小龙的头，欣慰地笑了。

中国航天

——探秘星空

小龙从小喜欢天文，最喜欢爸爸妈妈送给他的望远镜。每次用望远镜遥望星空时，妈妈都会给小龙讲天上那些有趣的故事。那些古今中外的传说，那些古人们仰望星空留下的优美的诗句，那些先人们探索天空的勇敢尝试，都化成一粒粒神奇的种子，在小龙的心里深深扎下了根，随着他的成长也在慢慢发芽，慢慢破土而出。

晓雯从小喜欢飞机，梦想就是将来能成为一名女飞行员。每当有人和她说女飞行员太少了，这个梦想不容易实现时，晓雯就会微微皱起眉头，然后笑着告诉对方："我不光想当飞行员，如果有可能，我还想当宇航员。"大家都不由得对这个有志气的小姑娘竖起大拇指。对关于飞翔的一切运动，晓雯都展现出极大的兴趣。在包括晓雯在内的一众无人机爱好者中，她的操控水平是最高的。

一天，小龙和晓雯相约到图书馆查

资料。作为学校辩论队的两名主力选手，他俩这次要一起去参加航空航天展，并代表学校发言。

“中国航天史是从 1956 年 2 月开始的，当时，著名的科学家钱学森向中央提出《建立我国国防航空工业的意见书》。1956 年 4 月，中华人民共和国航空工业委员会成立了，统一领导中国的航空和火箭事业。我国于 1970 年 4 月 24 日发射第一颗人造地球卫星——‘东方红一号’，成为继苏联、美国、法国与日本之后世界上第 5 个独立研制并发射人造地球卫星的国家。这一天，当《东方红》的动人旋律在茫茫太空响起时，整个世界都为之震惊！”

“这段可真提气！”小龙一边快速地将这段内容抄录下来，一边小声地说着，“晓雯，你知道吗，其实早在明朝，咱们国家就有人在琢磨火箭了。”

“啊？”晓雯露出了难以置信的神情。火箭，这是多么先进的科技啊！明朝人就在琢磨火箭了，可能吗？

“那是 600 多年前了，明朝洪武年间，一个叫陶成道的人被封为万户，他想到利用火药的推力，加上风筝的力量起飞。这个万户本来是个木匠，特别爱钻研，从军之后还改造过很多武器，屡建奇功。后来，他把 47 枚自制的火箭绑在椅子上，自己坐上去，双手举着 2 只大风筝，接着便叫人点火发射。他想得没错：利用火箭的推力，加上风筝的浮力，就可以飞起来了。可他忽略了火药的破坏力，自制的火箭没有保护措施，一下子就爆炸了，他也因此献出了生命。”

奔向太空

“哇，这可以称得上伟大吧？那个时候的人，打仗还骑马呢，他就想到飞到天上，真了不起！”

“当然了！所以，为了纪念万户，国际天文学联合会就将月球上的一座环形山以他的名字命名了。”

“那咱们中国的航天史就应该往前推上600多年！”晓雯开玩笑地说。

“得，说起咱们国家的现代航天史，那成绩也是非常傲人的！

“你知道，2016年4月24日是首个‘中国航天日’，而在46年前这一天发射的‘东方红一号’卫星仍旧遨游在太空之中呢。2020年7月31日，中国的北斗三号全球卫星导航系统正式开通。现在，有越来越多的‘中国星’遨游在原本遥不可及的外太空。2020年12月17日，探月工

程嫦娥五号返回器安全着陆在内蒙古自治区四子王旗预定区域，成功带回了月球样品，首次实现了我国月面采样与封装、月面起飞、月球轨道交会对接、携带样品再入返回等多项重大突破，你说，这多令人振奋！”

“是啊！”晓雯兴奋地说，“从神舟飞船首次升空到航天员杨利伟首次飞天，从天宫一号成功发射到航天员王亚平太空授课，中国的载人航天真是开启了一个又一个经典传奇。”

浩瀚星空，从古至今都引发着人们无限美好的遐想。苍穹中不仅有美丽的神话故事，也许还有深不可测的外星文明，更有全人类关于未来的梦想。而经过无数的探索和努力，人类拥有了飞机、火箭、人造卫星、宇宙飞船，实现了飞天梦。更为幸运的是，咱们都是这历史的见证者。

高铁

——中国速度

周末，小龙和爸爸妈妈一起回姥姥家，要搭乘从北京到天津的高铁。车上，小龙听着 iPad 里的故事。一个故事还没有听完，他们已经到了 100 多千米之外的目的地了。

平时他们回天津都是自驾车，路上需要两个多小时。这次半个小时的行程让小龙充满了好奇。他向妈妈提出了关于高铁为什么这么神奇的一连串问题。

“小龙，你知道吗？我们搭乘的高铁也是火车大家庭中的一员。火车作为世界上运行范围最广、最安全稳定的交通工具，从诞生之日起，就是人类出行时最喜欢的交通工具。中国最早拥有火车的时间可以追溯到 19 世纪的清朝，中国是继日本及印度之后第三个修建铁路的亚洲国家。高铁则是新时代在火车这个重要的体系中涌现的一颗新星。勤劳智慧的中国工程师通过科技的

中国速度

力量，大大缩短了我们出行的时间，提高了火车这种多车厢并行模式交通工具的出行效率。”

“真好！”小龙兴奋地说，“铁路运输真的是非常重要啊！”

“其实，人们对铁路运输的认识也是经历了一番波折的。第二次世界大战之后，随着公路和航空的强势崛起，铁路在很多国家一度成了夕阳产业，美国、英国、德国这些发达国家甚至开启了拆铁路的历程。一时间，这种有两条铁轨的东西似乎束缚了人们追逐自由的脚步，也禁锢了梦想的翅膀。正当铁路成为日薄西山的行业时，1964 年 10 月 1 日，日本新干线的开通让全世界重新认识了两条铁轨所带来的令人震撼的速度、便捷和安全性。”

“那铁路运输在我们国家是不是一直都很重要啊？”

“对啊，我们的祖国幅员辽阔、地貌复杂，经过这么多年的发展，慢慢地已经通过铁路网络将各个省份连接在一起了。所以，铁路运输一直是我们国家最重要的一种交通运输方式。可以说，铁路运输对新中国的建设发挥了不可磨灭的作用。你知道新中国成立初期，我们国家对火车的使用率最高的行业是哪个吗？”

妈妈甩出了一个问题。

“当然是客运交通啦。”

“当然——不是。”妈妈笑着说，“你想不到吧？是煤矿。当年，作为中国唯一一条煤炭运输专线的大秦铁路，纵贯山西、河北、北京、天津，承载了我们国家经济高速发展的重任，也为后来整个铁路运输行业的发展提供了支撑。当然，客运交通也非常了不起，比如 1996 年开通的京九铁路，让我们可以乘坐轨道交通工具，横跨千里去拥抱香港这个归来的游子，让我们明白距离已不是问题，也让我们看到了铁路运输更多的可能性。”

“那高铁是不是能够代表最先进的运输科技？”

“是啊。我们坐的这趟高铁线路——京津城际铁路，于 2008 年开通运营，是中国第一条具有完全自主知识产权、达到世界一流水平的高速铁路，也是我国第一条按时速 350 千米设计的高速铁路。可以说，它同时也是中国速度的象征，其建设可以用震惊世界来形容。到 2020 年底，我们国家的高速铁路运营里程已经达到 3.79 万千米，稳居世界第一。我国已成为世界上高铁里程最长、运输密度最高、成网运营场景最复杂的国家。中国的高铁技术已经处于世界先进行列，并开始影响全球高铁市场。现在的中国高铁工程正大踏步走向海外，成为中国外交战略的一个大方向。目前，中国承建了世界高铁网络中 60% 以上的项目。”

“哇，太令人震惊了，感觉世界都变小了！”小龙瞪大了眼睛。

“是啊，高铁改变了我们的时空观念。可以这样说，高铁把中国变小了，就像现在我们从北京到天津的时间短到了一个故事还没有讲完的程度。但其实从另一个角度说，高铁又将我们的步伐变大了，大到我们可以用更短的时间去往祖国的大好河山、看更多的风景。

“小龙，你说，高铁是不是值得全体中国人为之骄傲和自豪？”

小龙肯定地点了点头，牵着爸爸妈妈的手，一起走下列车。看着身后的高铁，真像一条传说中昂首挺胸的蛟龙，气定神闲地准备着下一次飞驰。

七

奋进逐梦

FENJIN ZHUMENG

港珠澳大桥
——超级工程

“如果说，香港、澳门的回归一洗我中华民族百年的耻辱，那么‘港珠澳大桥’这项超级工程，则向世界展示出我们泱泱大国的技术底气和创造实力。迎着海上的薄雾远远望去，全长55千米的港珠澳大桥巍峨耸立，跨海的一段犹如巨龙入海……”小龙在课堂上大声读道。

“很好，周玉龙同学请坐。你这篇港珠澳大桥的观后感有感而发，写得不错。朗读得也好，自然又富有感情！”郭老师看着小龙，满意地点点头。

“同学们，下面我就来给大家详细介绍一下港珠澳大桥。”郭老师继续说道，“港珠澳大桥是一项超级工程，它于2009年12月15日开始动工建设，2018年10月24日通车，一共建了9年。这么长的时间，即使对于建筑业领先世界的中国

超级工程

来说，也是非常罕见的。大家知道为什么吗？因为在世界上的桥梁当中，港珠澳大桥总体跨度最长、钢结构桥体最长、海底沉管隧道最长，同时也是公路建设史上技术最复杂、施工难度最大、工程规模最庞大的。它的建设涵盖了400多项新专利、7项世界之最，整体设计和关键技术全部自主研发。由于难度太大，刚开始的时候并不被人看好，甚至有外国专家断言：这是一项人类无法完成的工程。

“可是，就是这么一座前无古人、技术难度巨大的超级大桥，设计使用年限却首次采用了120年的标准，要知道世界上跨海大桥的标准年限是100年啊。别小看这20年，是非常难以达到的。大家都知道，海洋大气环境不比陆地环境，含盐量非常高，其中的氯离子具有强侵蚀性。海水腐蚀是电化学腐蚀，对钢结构和混凝土的腐蚀效果都远比在内陆强上几十倍。要解决这个难题，科研人员没少下功夫，攻克了大量技术难题，创造性地提出了一整套具有中国特色、达到世界先进水平的海洋防腐抗震技术措施，才可以这么自信地提出延长20年的方案来。所以，有人说：‘拿下港珠澳大桥，世界上已没有中国人不能造的桥。’

“同学们，身为中国人，你们自豪吗？”

同学们一个个都兴奋得涨红了小脸，小手拍得啪啪响，为自己的祖国可以建造这么伟大的桥梁而自豪，同时纷纷把羡慕的目光投向刚刚从港珠澳大桥回来的小龙。

郭老师明白同学们的期待，心有灵犀地看着小龙说：“周玉龙同学，你再谈谈你对港珠澳大桥的认识吧！”小龙本就跃跃欲试，赶忙站起身来：“我和港珠澳大桥有过三次‘交流’。第一次，是我乘坐缆车在高空遥望它，它就像一条神话故事中的东方巨龙一样巍峨。第二次，是我乘坐观光渔船行驶到了它的下面，并且亲眼看到了三头有‘美人鱼’和‘水上大熊猫’之称的中华白海豚，它们是国家一级保护动物，还是1997年香港回归的吉祥物哦。第三次，是我和爸爸妈妈一起坐车经过它从香港到珠海，它的路面非常宽阔，如果我没有记错，是按照双向六车道的高速公路标准建造的。而且出乎我意料的是，在那么长的跨海大桥上行驶，竟然和在公路上行驶的感觉一模一样。”

“说真的，老师非常感动。小龙的介绍非常好，思路很清晰。同学们，地球是我们人类共同的家园，即使在高速发展的过程中，我们每个人也一定要注意保护环境，保证地球上各物种的平衡。当然，其中会有很多矛盾和困难，这就需要用更加理性、更加智慧的方法去解决。我们国家在建设港珠澳大桥的过程中，为了保护珍稀物种中华白海豚，就付出了很多艰苦的努力。希望你们长大以后，把保护环境这个理念牢牢根植于心中，在工作和生活中时刻不忘。”郭老师说道。

这节课，热烈的掌声持续不停地在教室响起。或许在同学们小小的心灵里，港珠澳大桥不仅仅是中国交通建设史上最伟大的一次成功，它还将为粤港澳大湾区的建设发挥重要作用；同时也是一支明亮的火把，照亮了他们人生的漫漫前路。

袁隆平
——杂交水稻之父

小龙看到表弟小鱼吃饭时掉了很多米粒在桌子上，表弟却仿佛浑然不觉，不禁皱起了眉头。他大声背诵起“锄禾日当午，汗滴禾下土，谁知盘中餐，粒粒皆辛苦”。刚上一年级的表弟虽然不明所以，但也放下了筷子和他一起背诵起来。

“小鱼，你知道袁隆平爷爷吗？”看着表弟茫然的眼神，小龙给他讲起了袁隆平爷爷的故事。

“袁隆平爷爷 1930 年 9 月 7 日生于北京，他是我们中国杂交水稻育种专家，是研究与发展杂交水稻的开创者，被誉为‘世界杂交水稻之父’，你说厉害不厉害？”表弟不知听明白了没有，只是懂事地点了点头。

“袁隆平爷爷在像咱们这样大的时候，就明白了一个道理：土地是生命之源。”小龙接着讲，“他从小就知道，人们的衣食住行都离

杂交水稻之父
袁隆平

不开土地。他对土地充满了敬意，所以大学读的是农学专业，立志在土地上实现自己生命的升华。这个梦想还真的让他实现了。”

“1960 年 7 月，袁隆平爷爷已经参加工作了，在湖南省安江农业学校当老师。一次，他在农校的试验田中意外发现了一株特殊性状的水稻。结合在大学学到的知识和对植物的认识，他立刻意识到这株水稻的特殊价值，简直是如获至宝。他焦急地等到了第二年春天，将这株水稻的种子播到创业试验田里进行试种。因为水稻通常是自花授粉的，一般不会出现性状分离，所以他大胆地推论这株水稻是天然的杂交水稻。随后，他尝试着把雌雄同蕊的水稻雄花人工去除，授以另一个品种的花粉，开始了历史上最初的杂交品种实验。

“那时，中国还处于三年困难时期，全国都在面临严重的饥荒，袁隆平立志要用农业科学技术击败饥饿威胁。到了 1964 年 7 月，他和助手终于在试验田中首次找到‘天然雄性不育株’。

“1965 年 7 月，袁隆平又从 14 000 多个稻穗中逐穗检查出不育株，连同上年发现的不育株，共计找到 6 株。此后两年播种，经过不懈的努力，有 4 株成功繁殖了 1 到 2 代。他的研究彻底推翻了传统经典理论——米丘林、李森科的‘无性杂交’学说，并推论水稻也有杂交优势，大幅提高了水稻产量。小鱼你说，袁隆平爷爷棒不棒？”

表弟重重地点了点头。

“小鱼你知道吗，大米是我们国家最主要的粮食，可是国内年产

总量总是不够总体消耗，所以说每一粒米都来之不易。要不是袁爷爷以‘知识、汗水、灵感、机遇’为契机，一生致力于杂交水稻技术的研究、应用与推广，为我国粮食安全、农业科学发展和世界粮食供给作出了巨大贡献，很可能我们现在都还在饿肚子呢。咱们中国人多，可耕种面积却很少，要养活这么多人可不是件容易的事。美国专家就曾在《世界观察》上提问‘谁来养活中国’。袁爷爷作为一个中国人，用世界领先的杂交水稻技术回答了他，你说，是不是令人自豪？”

看到表弟再次点头，小龙继续说道：“所以，我们要珍惜粮食，珍惜来之不易的今天，不能再这么浪费了，对不对？”

表弟的小脸红了，低下头小声说：“哥哥，我明白了，以后绝不会再浪费粮食。”

屠呦呦

——呦呦鹿鸣，食野之蒿

“哥哥，你再给我讲个故事吧！”吃完饭，表弟又缠上了小龙。“好的。”小龙看到表弟面前的餐桌干干净净——他已经改掉了浪费粮食的坏毛病，高兴地说：“你最近表现得很好，哥哥就再给你一个奖励。这次，给你讲一个老奶奶的故事。”

“这个奶奶有一个非常好听的名字，叫屠呦呦。她可了不得，是中国中医科学院的首席科学家、中国中医科学院终身研究员兼首席研究员、青蒿素研究开发中心主任，是中国首位诺贝尔生理学或医学奖获得者。”

“哦，‘呦呦’是‘呦呦鹿鸣’的‘呦呦’吗？”“是啊！小鱼弟弟知道得还挺多的，你给我背背这首诗可以吗？”

“当然！”小鱼非常得意地背诵起来，“呦呦鹿鸣，食野之苹……呦呦鹿鸣，食野之蒿。我有嘉宾，德音孔昭。

呦呦鹿鸣 食野之蒿

视民不恌，君子是则是效。我有旨酒，嘉宾式燕以敖……”

“对，屠奶奶的名字就来自于此。她出生在1930年12月30日，是浙江宁波人。

“你说巧不巧吧，屠奶奶的名字取自《小雅·鹿鸣》中的‘呦呦鹿鸣，食野之蒿’，她的一生便与青蒿素紧紧联系在一起了。”

“真的？”小鱼惊讶得瞪大了眼睛。

“可不是嘛！1969年，屠奶奶所在的中国中医研究院（中国中医科学院前身）接受抗疟药研究任务，她就领导课题组从系统收集整理历代医籍、本草、民间方药入手，编写《抗疟单验方集》，对其中的几百种中药开展实验研究，利用现代医学和方法进行分析研究，不断改进提取方法，终于在1971年于发掘青蒿抗疟方面获得成功。她创制了新型抗疟药青蒿素和双氢青蒿素，被誉为‘拯救世界2亿人口’的伟大发现。2011年9月，青蒿素研究成果获得了被誉为诺贝尔奖‘风向标’的拉斯克临床医学奖。2015年10月，屠奶奶获得了诺贝尔生理学或医学奖。”

“哇，屠奶奶可真棒！”小龙拍着小手笑起来。

“是啊，屠奶奶是我们国家唯一获得诺贝尔奖的科学家，她这一路走来可是太难了。为找到抗疟灵感，她曾经埋在医药古籍里，收集整理2 000多种方药；在试验环境简陋，没有通风系统、实验防护的情况下，她患上中毒性肝炎后仍坚守在实验室里。她经历了380多次失败，但从不气馁，坚持不懈，终于找到了用乙醚提取青

蒿素的方法，将对疟原虫的抑制率提高到 100%。她为了验证青蒿素的疗效，甚至不顾自身安危，到疟区现场临床试药，把自己当成‘小白鼠’。你说，取得这样的成绩容易吗？”

“真是不容易。”小鱼愣愣地看着哥哥。

“其实，我最佩服屠奶奶的，你猜是什么？”小龙忽然问道。

“是她特别聪明吗？”小鱼说。

“当然不是。我特别佩服屠奶奶在面对荣誉时的态度。她获奖之后，很多媒体记者都想采访她，却吃了‘闭门羹’。她不止一次表示过‘荣誉属于中国科学家群体’‘科学研究不是为了争名争利’。2016 年，她还拿出诺贝尔奖奖金中的 100 万元人民币捐赠给北京大学医学部，设立‘屠呦呦医药人才奖励基金’，又把 100 万元人民币捐给中国中医科学院成立创新基金，鼓励更多的年轻人参与到中医药科研中去。没有什么捐赠仪式，就像处理一张水费电费单一样平常。我觉得，这才是一名真正有情怀的科学家的担当。”

“嗯。”小鱼深深地点头，“听了屠奶奶的故事，我就觉得作为一个中国人特别自豪。”

“嗯，小鱼说得太好了！你知道吗，有 32 个字被概括为‘青蒿素精神’，就是‘胸怀祖国、敢于担当，团结协作、传承创新，情系苍生、淡泊名利，增强自信、勇攀高峰’，这就是屠奶奶所代表的中国科学精神，咱们可要好好学习，将来把这个接力棒稳稳地接过来。”小龙握住表弟的小手。

中国 5G

——中国科技引领未来生活

2025 年，北京。随着智能生物闹钟的提醒，我从睡梦中缓缓醒来，耳旁响起了居家智能机器人助理的提醒：“小龙您好，现在是北京时间早上 7 点，今天早上 9 点您安排了和同学晓雯女士一起去智慧科学城的云端书屋看书，请您安排好时间。”我使用的这套基于 5G 技术的家庭云端智能管理系统，真正做到了全天候实时在线、智能管理。

早餐后，我链接到了城市智能路网中心，根据实时的路况选择了一条最优的路线，并预约了使用清洁能源的共享汽车。这是一辆无人驾驶的智能汽车，在路上行驶的时候，会向我的智能眼镜推送各种最新的新闻和在学校系统订阅的信息。

位于智慧科学城的云端书屋，是一家外表看起来很复古的书店。站在书店外面，透过明亮的窗户看进去，可以看到一排排高大的书架和各类琳琅满目的图书。区别于目前大多数以纯数字化内容资源为主的书店，云端书屋保留了纸质图书的基础阅读形式，但每一本图书上的每一项内容都可以和 5G 网络里的相关资源进行交互，结

5G

合最新的影像技术，会让阅读过程宛如身临其境。

晓雯到得比我早一点，她正在运用实时的影像技术参加学校管弦乐队的晨会。在书店的入口，监控摄像头内的面部识别技术和温度识别技术读取了公安系统数据库和医院数据库的数据，分别确认了我们的身份信息和健康状况。确认无误后，室内地图把我们准确地引导到了自己提前预约的书籍旁。

我阅读的是一本《世界地理知识大全》。通过实时地与云端数据进行交互，我仿佛置身于书中所描述的美丽环境中。这种全新的阅读方式，可以让文字变得立体，也可以让阅读者置身于作者想要表达的意境中。晓雯阅读的是一本《小提琴经典名曲与艺术创新》。通过模拟技术，晓雯可以直接感受到创作者拉琴时曲调的抑扬顿挫和力度。这样的阅读方式可以让原本更多需要意会的乐器学习，变得更加的直观和容易体会。

看完书后，我和晓雯一起享用了机器人餐厅制作的美食。机器人厨师会调用基于5G云端的数据库中每个用户的口味资料，让餐品更适合每个顾客的用餐习惯和口味。同时，分餐制的方式也保证了用餐的健康。

5G是第五代移动通信技术的简称，它的特点是数据传输快、延迟少，在节省能源、降低成本的同时，可以提高系统容量并且和大规模的设备连接。随着人们对移动数据需求的日益增长和移动互联网的高速发展，未来5G的发展将很大程度上满足各类网络应用的发展需求，也会改变人们上网的习惯。这标志着一个全新的智能时代的来临。

目前，我们中国有着全世界最大规模的移动通信网络体系。比如，我们在 4G 时代，基站数就是美国的 17 倍。进入 5G 时代，以华为、中兴、大唐为首的中国力量不光在体系规模建设上具有领先优势，在专利技术上也取得了很多突破性进展，这些前沿的技术让“中国 5G”在国际上也占据着领先的地位。

上述描写的场景，是小龙在参加作文大赛时描绘的 5G 时代来临后新的生活方式。小龙在作文的最后写道：

随着未来科技的发展，人类在拥有更好的通信技术的同时，会拥有更加智能、更加便捷、更加公平的生活方式。我们中国正在努力做到这一切！

在大力发展 5G 的同时，我们国家已经开始布局 6G 了，预计在 2030 年投入商用。让我们畅想一下，到那个时候，科技的进步让我们的生活如何更加地便捷……

八

艺术体育

YISHU TIYU

2022 北京冬奥会

——向着第 24 届冬季奥林匹克盛会飞翔

站在高高的雪山顶，看着整个滑雪场一片银装素裹，在阳光的照射下闪着耀目的光芒。小龙将滑雪镜戴好，曲腿弯身，脚下用力一蹬。

垂在身体两侧的滑雪杆像两只美丽的翅膀，而小龙就像贴地飞翔的小鹰，勇敢又快乐，自由地向山下滑去。他从五岁开始接触滑雪。从最初的初级道都不敢往下滑，到现在高级道上的王者，短短几年，小龙已经长成帅气的棒小伙了。

记得 2015 年 7 月 31 日，当小龙听到，在马来西亚吉隆坡举行的国际奥委会第 128 次全会上，国际奥委会主席巴赫郑重宣布，中国北京获得 2022 年第 24 届冬季奥林匹克运动会举办权的消息时，他激动得一下子跳了起来。从那时起，本就热爱滑雪的他，训练起来更加刻苦了。

他知道，冬奥会是世界上规模最大的冬季综合性运动会，每四年举办一届。自从 1924 年第 1 届冬奥会在法国夏蒙尼举办以来，冰

北京冬奥会

雪运动就在世界各地热爱运动的人们当中越发流行了。当然，冬奥会经过近百年的发展，已经远远超出了单纯的冰雪竞技运动的范畴，而成为世界冰雪文化的重要组成部分。冬奥会是举办国向全世界展示综合实力的一次机会和舞台，第 24 届冬奥会的承办城市北京和张家口，将在万众瞩目之下，将中国的风貌和中国的精神全方位地展现在全世界面前。

这是中国历史上第一次举办冬季奥运会，重视程度可不一般。除了赛区场馆和配套基础设施的建设如火如荼之外，对冬季冰雪运动发展的支持也加大了力度，还组织了以“冰雪进校园”为主题的中小学生冰雪运动推广普及系列活动，令小龙这样的学生受益匪浅，他仿佛听到了第 24 届冬奥会热情洋溢的脚步声。

小龙了解到，冬奥会有短道速滑、花样滑冰、冰球、冰壶、钢架雪车等冰上运动，有俯式冰橇、跳台滑雪、自由式滑雪、雪车等雪上运动，共计十多个比赛项目，才知道自己对冬奥会的了解太少了。他多么希望能多学习一些冰雪项目，让自己的冬天更加丰盈。

当冰雪运动普及活动及各项冰雪体验课走进小龙所在的学校时，小龙开心坏了，他积极参加了花样滑冰和冰壶的训练，并且很快成为其中的佼佼者。在这些冰雪运动中，小龙不断地克服自己的惰性、惯性和胆怯心理，努力战胜自己，越来越深刻地感觉到运动为自己带来的成长。

“也许我不能作为运动员在比赛场上为国争光，但我可以将冰雪运动变成自己的健身习惯，将顽强拼搏、永不言败的内在精神，将不畏严寒、征服自然的生活态度，将挑战极限、超越自我的生命勇气，变成血液里的一种追求卓越、志存高远的精神境界。我可以将中国青少年热爱生活、热爱生命、热爱大自然的精神面貌，展现在全世界面前。”小龙悄悄对自己说。

这个在赛道上自在滑行的孩子，就像一只勇敢无畏、心怀远大梦想的小鹰，正在向着2022年冬奥会、向着全世界，自由地飞翔。

女排

——中国女排是一种精神

“哎呀，太疼了！”小龙一把把球扔到一边，揉着因为托球而变红的手腕，使劲甩了甩手。孙教练走过来，严厉地说：“周玉龙，校排球队是你自愿参加的，训练的确辛苦，但一场比赛都没比过，你就要轻言放弃吗？”小龙噘起了嘴一言不发。

“孩子们，咱们休息一下，都围过来。”孙教练把小学员们都叫到跟前，对孩子们说，“你们都知道咱们的中国女排吧？”

“知道啊！”“我知道郎平。”“女排是世界冠军。”……孩子们七嘴八舌地议论着。

“那么，你们知道中国女排的故事吗？”

看到孩子们面面相觑，孙教练细细地讲起来：

“中国女排曾在1981年和1985年的世界杯、1982年和1986年

女排精神

的世锦赛、1984 年的洛杉矶奥运会上夺得冠军，成就世界上第一个‘五连冠’，并且又在 2003 年世界杯、2004 年奥运会、2015 年世界杯、2016 年奥运会、2019 年世界杯五度夺冠。特别是在 2019 年第 13 届女排世界杯中，咱们的女排屡遇强手，但她们勇敢顽强，绝不言弃，一路披荆斩棘，排除万难，终于取得了 11 场连胜的战绩，又一次获得了世界冠军，为中华人民共和国成立 70 周年献上了一份厚礼。”

“教练我记得，国庆阅兵的时候，女排队员站在花车上接受检阅，我们全家都激动得跟着欢呼。”小龙接口道。

“是啊，看到了那一幕的人没有不激动的。但是，你们知道女排的这些成绩是怎么取得的吗？”

看到没人言语，孙教练继续说：“我给你们讲讲中国女排的历史啊。在 20 世纪 50 年代初期，排球强国是苏联和其他东欧国家。新中国刚刚成立不久，直到 1953 年才正式成立排球协会。60 年代，以日本女排为代表的亚洲女排新势力开始挑战苏联女排的王者地位，可中国女排还是名不见经传。到了 1974 年，中国女排在第 7 届世界女子排球锦标赛上才获第 14 名的成绩。1976 年，中国正式成立女排国家队，开始发展排球事业。仅仅 3 年，在 1979 年的亚洲女排锦标赛上，中国女排就在决赛中以 3 比 1 的战绩，击败了当时的亚洲冠军和前世界冠军日本队，开始崭露头角。到 1981 年第 3 届世界杯上，中国女排终于战胜了上一届冠军、也是占尽天时地利人和的东道主球队日本队，获得了首个世界冠军，并且在之后几年所向披靡，取得了‘五连冠’的成绩。最激动人心的一次是，世界排联看到中国女排的力量无国可挡，就挑出由世界各国的强手组成的一支世界联队对阵中国女排，你们猜结果怎么样？”

“怎么样？”孩子们一个个瞪大了眼睛。一个国家队对阵世界各国强手，结果会怎么样？

“还是我们的女排姑娘赢了！”孙教练眼睛红了，“你们知道那场比赛有多么不容易吗？当时世界上有很多位‘排神’，像弹跳力和臂力都逆天的古巴女排传奇路易丝，就是当时的世界联队的主力。”孩子们惊讶得张大了嘴巴，沉默了数秒之后突然明白过来，热烈鼓起掌来：“太棒啦！真的吗？”

“当然啦！想一想都激动得不行。我小时候最崇拜的就是中国女排，专业学习排球就是受到她们的影响。

“孩子们，你们都是练排球的，我知道你们都深深热爱这项运动。我想问的是，你们觉得中国女排是如何取得这样的成绩的？”

“勤学苦练。”“不怕吃苦。”“坚持不懈。”……孩子们你一句我一句。

“你们说得都很对。我记得郎平教练说过一句话，我想把它告诉你们。郎教练说，女排精神不是赢得冠军，而是有时明知不会赢，也要竭尽全力；哪怕艰难险阻，也不忘在绝境中挥拳和怒吼，无论结果如何，都要把杀气和狰狞留给对手。孩子们，没有什么路是一帆风顺的，没有什么成绩的取得是轻而易举的，只有背后付出超出别人无数倍的努力，才有可能取得比别人更好的成绩。有句话说得好：要想人前精彩，就得人后受罪。怕苦怕累怎么可能超越别人，你们说对不对？”

“对！教练，我们接着练吧！”同学们忽然觉得疲惫不堪的身体不那么累了，明亮的眼睛中充满了力量。

小龙也早已抱着排球站到了练习场中央。

美 育

——美育是一切关于美的教育

"'天地有大美而不言'，妈妈您知道这句话是什么意思吗？"正在读书的小龙忽然没头没脑地问起了妈妈。

"呵，小龙在读《庄子》呐，真不错！我喜欢庄子。是不是说在我们生存的这个天地之间，每一个角落都有美好的事物，近到空气、声音、身边的花草树木、房屋道路，远到山川、森林、江河湖泊……虽然谁也不嚷嚷着：看看我，我有多美！但只要我们用心去感受、去体会，就会发现美无处不在。我说的对吗？"

"对啊！妈妈，我最近看书时想了一些问题。"小龙捂着嘴笑。

"是什么呢？"

"就是关于美的问题。我认为，人类文明的发展就是对美的不断发现、感悟、创造的过程。"小龙滔滔不绝地讲起来。

"远在旧石器时代，人类生活在荒林旷野之中，自然环境恶劣，人类认知程度有限。与荒野中许多凶悍的动物相比，人类的体格、牙齿、肌肉，实在是都不占优势。那么，是什么使人类逐渐战胜了

美的教育

野兽，成为大地上的主宰者呢？”

“是什么？”妈妈也陷入思考。

“我想是对美的感受。是人类能够感受到美，而动物不能。人类发现石头比拳头坚硬、树枝比手指坚利、泥土经火烧可以塑造成形、植物经日晒可以发芽生长……所有这些发现，都可以称之为美，被人类加以利用，又在利用的过程中不断改造。于是，人类就这样在不断地利用美、改造美的过程中，适应大自然，战胜猛兽，自我发展起来。

“随着社会的不断进步，人类学会利用形状、颜色，学会利用规律、计划，于是有了文字，有了图画，有了各种秩序、习惯、风俗、法律……人们不断地发现美、改造美、发展美、创造美，才发展了当今这个丰富多彩、传承有致的人类社会。”

“你这么一说，还真是啊！”妈妈赞叹道。

小龙意犹未尽：“我想，作为一个中国人是应该自豪的，因为古巴比伦、古埃及、古印度文明这些古老文明，都在社会的不断发展中出现过断层；还有一些古老文明，已经消失在人类社会的发展中了。只有源远流长、绵延五千多年的中华文明，是世界上唯一没有中断过的文明。我们的文字和语言虽然也是在不断发展，却传承有序，所以我们能够很快破解甲骨文，而古埃及文字到现在也很难破译。

“对美的认识的发展，使人们不但将美变成工具，更是将之上升到艺术，不断发展、丰富艺术的范畴。我国的春秋战国时代，就对艺术进行了‘六艺’的划分：礼、乐、射、御、书、数。您知道其中的‘射’和‘御’是指什么吗？”

“‘射’是不是指射击？‘御’就不知道了。”

“‘射’啊，是指射箭；‘御’，是指驾车。这两样当时作为艺术的技艺，现在由于社会的发展已经不再属于艺术的范畴了，却可以让我们看到：艺术与生活，其实是密不可分的。”

“原来是这样啊！”妈妈心服口服地点点头。

“中国的文字是从象形文字发展而来的，无论发音还是结构，都融汇着老祖宗深刻的哲学思想和超常的智慧能量，不仅仅是实用品，更是高深的文字艺术。所以，中国的诗词、书法，也都是举世无双的艺术珍品。”

“对啊小龙，你说得太对了。将美上升为艺术，是人类特有的智慧。中国古人常说：‘士先器识，而后文艺。’是说一个读书人，要先有器量、有见识、有胸怀，才谈得上有文学与艺术的造诣。早在魏晋时代，文人开始在社会中有了发言权，艺术活动就已经从‘工匠’层面转为‘文人’层面，这就是美学的发展，是哲学的发展，也是社会的极大发展。晋代的艺术家王羲之和顾恺之，就已经不仅仅是民间的工匠，而是将思想与更多的美感赋予作品。到了唐代，文人画、诗歌等都有了更多艺术上的雕饰。像我们熟悉的山水诗人王维，就同时也是‘文人画’的鼻祖，他的诗与画都受到佛家思想的影响，有一种‘江流天地外，山色有无中’的空灵。他似乎在看山看水，又似乎在山水中领悟生命的繁华与衰败，因此影响了中国上千年的绘画。”

“对啊对啊，还有宋代的苏轼，既是大诗人，也是画家和书法家，他遣兴的诗作《黄州寒食诗帖》被誉为‘天下第三行书’。”

“小龙，你在看书的时候能够思考和总结，这何尝不是人类发现美、创造美的一部分呢。你说的这些都特别好，我们要加倍珍惜老祖宗留给我们的这些宝贵财富，好好地学习它们、利用它们，并在此基础上不断地将它们发展和发扬光大。甚至，还可以以此为基础，开拓更多的艺术形式和艺术思维，让我们的祖先也为我们而骄傲。”妈妈看着小龙，欣慰地笑了。

动 漫

——国漫崛起的辉煌与成就

“爸爸，您小时候看过动漫吗？您最喜欢哪个动漫人物？”小龙在看了本最新版的动漫作品之后，激动地问爸爸。

“呵呵，爸爸小的时候，没有什么‘动漫’啊、‘国漫’啊这些词，不过连环画、漫画、美术片什么的可不少，那些都是爸爸幼年的玩伴。你知道咱们国家第一部动画片诞生于哪一年吗？”

“爸爸出生那一年？”小龙挠着头乱猜。

“哈哈，当然不是，比那可早多了。”爸爸被逗笑了，“咱们国家的第一部动画片，其实是一部广告动画片，诞生于1922年，是由万氏三兄弟制作的《舒振东华文打字机》，这可与迪士尼公司的创始人沃尔特·迪士尼制作的第一部动画片在同一时期。”

“后来呢？后来呢？”小龙对国产动画片的发展产生了兴趣。

国漫崛起

“后来啊，由万氏兄弟制作的首部国产人画合演影片《大闹画室》诞生于 1926 年。再后来，由于国内战乱，中国的动画事业也被按了暂停键。到了 60 年代，才有令全世界惊叹的一系列‘水墨动画’横空出世，代表作品《小蝌蚪找妈妈》和《牧笛》，是爸爸小时候最喜欢的动画片了。用传统水墨画的形式制作为动画片，画面唯美，古风浓郁，在爸爸眼里，可比现在的动漫形象不知强上多少倍。”

爸爸顿了顿，方从童年的记忆中出来，继续说道：

“1961 年到 1964 年间，上海美术电影制片厂制作的彩色动画长片《大闹天宫》，是爸爸童年最美好的记忆。那时候，爸爸简直什么都不想干了，就守在电视机前等着看下集，手里还拿着棍，跟着孙悟空学‘猴棍’。”爸爸笑到不能自已。

“再后来，动画片就多了。之后的十年间，诞生了充满智慧的《阿凡提》、简洁幽默的《三个和尚》、水墨动画片《鹿铃》、风格古雅的《南郭先生》、毛茸茸的剪纸片《猴子捞月》、水墨风格剪纸片《鹬蚌相争》、幽默而有哲理的《崂山道士》，还有《孔雀的焰火》《小熊猫学木匠》《假如我是武松》《天书奇谭》《除夕的故事》《水鹿》《女娲补天》，以及优美感人的《雪孩子》等经典，陪伴了爸爸整个童年和少年。

“不过，到了上世纪七八十年代，由于电影电视剧的发展，中国的动画事业又遭遇了瓶颈。直到 1999 年，上海美术电影制片厂推出《宝莲灯》，这算是一部值得反复欣赏的动画片。可是，在美国动漫

和日本动漫高速发展的时候，我国的动漫事业却一直迟滞不前。

"'动漫'这个词从听说到熟悉的时间还真不长。没多久，随着《大鱼海棠》《大圣归来》《哪吒之魔童降世》等这些高质量国产动画影片的诞生，就又有了'国漫'这个词，真是让人热血沸腾。"

"爸爸，我还记得我小时候特别爱看《喜羊羊与灰太狼》，还有喜洋洋面罩、红太狼的平底锅等玩具呢。我小的时候，特别害怕灰太狼夜里跑到咱家里，把我当小羊给吃了。"小龙捂着嘴笑。

"是啊，你的童年就是《喜羊羊与灰太狼》陪伴的，那可以算得上是我们国家追赶国外动漫的起步吧。到后来的《大圣归来》《白蛇：缘起》《哪吒之魔童降世》等作品问世，无论特效还是画面制作、内容结构，都不输国外动漫啦。

"小龙，你要记住，咱们的国家从来不缺优秀的素材和出色的人才，缺的可能是那一点小小的灵光。而现在，光来了，我们要做的，就是把这光放大！"

小龙坚定地点点头说："爸爸，我们国家的动漫产业一定会成长为世界上最优秀的！"

九

大美中国

DAMEI ZHONGGUO

故　宫

——传承千年的古韵威严

夜幕降临，圆圆的月亮像明亮的灯笼，高高挂在遥远的天上，深红色的宫墙和金黄色的琉璃瓦交相辉映。今夜，又和以往一样，熙熙攘攘的人群带着生活的喧嚣，也带着时间的标记，消失在这古老却辉煌的地方。

小龙转回身，恋恋不舍地向着身后的故宫告别。他一大早就赶来，足足逛了一天，却还有很多地方没有走到。

突然，他看到宫门角落里，蹲着一只肥大的黑猫，瞪着圆圆的眼睛，定定地看着他。

“你是谁？”小龙来了兴趣，返身蹲在大黑猫的对面。

“我叫大黑。”大黑猫突然说话了，吓了小龙一跳，“大家都叫我故宫猫，说我是这里的精灵。”

小龙惊得瞪大了眼睛。

“看到你没有逛完故宫挺遗憾的，所以我想再带你逛逛。”说完，大黑转身向宫里走去。小龙不自觉地跟在了后面。

故宫

“这座宫殿现在叫北京故宫，过去有个更好听的名字，叫紫禁城。”大黑一边带小龙逛，一边给他做向导，“它位于北京中轴线的中心，占地面积约 72 万平方米，建筑面积约 15 万平方米，有大小宫殿 70 多座，房屋 9 000 余间，是世界上现存规模最大、保存最完整的木质结构古建筑之一。它是一座长方形的城池，南北长 961 米，东西宽 753 米，四面围有高 10 米的城墙，城外还有 52 米宽的护城河。皇宫内的建筑分为外朝和内廷两部分。外朝的中心是太和殿、中和殿、保和殿，统称三大殿，是过去皇帝办公和国家举行大典的地方。内廷的中心是乾清宫、交泰殿、坤宁宫，统称后三宫，是明清时候皇帝和皇后居住的地方。明朝初期，这里建设殿宇 1 630 余座；到清朝乾隆时期，有了殿宇 1 800 余座；而到了现在，共有殿宇约 2 631 座。”

“你怎么知道得这么清楚？”小龙奇怪地问。

“因为每一天我都要巡视啊。从明成祖永乐年间开始，我的祖先就在这里了，到我这辈有 600 多年了。我们世世代代生活在这里，也保护着这里。几百年间，这里经历过太多次的雷雨、失火等天灾，我们不敢懈怠。”大黑告诉小龙。

“那也太辛苦了。”小龙感同身受。

“保护故宫是我的职责和使命。幸好我们现在有将近 200 只猫，分工合作，才让这么大的皇宫，又都是木质结构的，从未闹过鼠患。”

听大黑说完，小龙情不自禁地向它投去敬佩的目光。

“你看，这是我最喜欢的地方，叫‘三希堂’。”从养心殿出来，大黑带小龙来到一个不起眼的小殿，“这里是清代皇帝私人的藏书屋，收藏有许多名人墨迹。‘三希堂’这个名字就是乾隆皇帝命名的，他将王羲之的《快雪时晴帖》、王献之的《中秋帖》和王珣的《伯远帖》三幅法帖收藏于此，有‘士希贤，贤希圣，圣希天’之意。只是，‘三希堂’只有 4.8 平方米，实在是有点小，没法对外开放，你能来这里可是非常幸运的事。

“故宫里面珍藏的珍贵文物，得有上百万件，占全国文物总数的六分之一。它们中的一部分，会陈列在殿堂里，用无声的语言诉说它们所经历的一切。像古建馆、书画馆、陶瓷馆等 10 个专馆，就是展示珍贵文物的。还有太和殿、中和殿、保和殿等 11 座宫殿，是原状陈设的，它们的陈设都严格遵循档案的记载，与历史原貌一致。当然，每年还会有一些特展，吸引世界各地游客的注目，像国宝《清明上河图》《千里江山图》等展览，由于备受追捧，很多人排了 6 个多小时才看到。这些精美的文物藏品与历尽沧桑的古代建筑一起，构成和谐统一的整体，蕴含着丰富的历史信息和文化内涵，让全世界来故宫参观的人，都可以形象地感受到中国明清宫廷文化的内涵。”

大黑带着小龙转了一圈，小龙却丝毫没有感觉到疲惫，兴奋得不得了。他不由得将手伸向大黑说：

“大黑，你能生活在这里，真是太幸福了！我可不可以抱抱你？”

“喵——”大黑忽然恢复了一声猫叫，一下子蹿上了宫墙，并站在高高的地方用亮闪闪的眼睛盯着小龙看。

“大黑……”小龙困惑地抬起头，一下子清醒过来，原来他是做了一个梦。

长城

——万里奇迹 脚下的故乡

“万里长城万里长，长城脚下是故乡。”每一天，我都会在妈妈悠扬的歌声里，安然进入梦乡。妈妈说，这里是我们的家，有无数的爱陪伴我长大。

我在山林里奔跑，在枝头上跳跃；我会将在秋天里采摘的果实，藏进我的秘密洞穴里，等到了冬天再慢慢品尝；我与祖祖辈辈的先人一起，见证着眼前这绵绵无绝的长城的坚韧。我是一只平凡无奇的小松鼠，却因为家住长城而有了比天高的见识和比山远的渴望。

我是听我奶奶讲故事长大的，奶奶的故事是听她奶奶讲的，她奶奶的故事是听她的奶奶讲的。我从故事里知道，我身边的这道绵延万里的长城，有着漫长的历史，早在两千多年前的西周时期就开始修筑了，是世界上修建时间最长、工程量最大的一项伟大工程，著名的典故“烽火戏诸侯”就源于此。它现在是旅游胜地，但在古代却是了不起的军事防御工程。它的构造非常科学，可不仅仅是一道普通的城墙，而是以城墙为主体，还有大量的城、障、亭、标等

長城

相辅助的完备的防御体系，将无数的外敌阻挡在长城之外。为了修筑长城，无数人付出血的甚至是生命的代价。孟姜女哭倒长城虽然是个传说，却反映了当时在劳动环境极其恶劣的条件下，中国人勤劳勇敢的祖先是怎样用血肉之躯换回后世的平安喜乐的。

万里长城万里长，中国的长城在历史上可不仅仅是万里，早在秦汉之前就超过1万里，若把各个时代修筑的长城加起来，有10万里以上。而到了现在，残留的长城分布在河北、北京、天津、山西、陕西、甘肃、内蒙古、黑龙江、吉林、辽宁、山东、河南、青海、宁夏、新疆等15个省（自治区、直辖市）之内，很多地方还保留着古代时最原始的状态。在内蒙古鄂尔多斯市鄂托克前旗上海庙镇特布德嘎查村就发现一处隋长城的遗址，共有3段，墙体为堆筑土墙，在岁月的侵蚀中已泛白色，像鱼脊一样凸起在地面上，宽3到6米，残高0.5到1米。

这些故事和消息都令我感动。几千年的岁月变迁，沧海桑田。而中国人民代代相传的古老智慧、勤劳勇敢的品格，都镌刻在长城上，成为向全世界宣传中华文化的桥梁。

1961年3月，长城被国务院公布为第一批全国重点文物保护单位。1987年12月，长城被列入世界文化遗产。我是一只幸福的小松鼠，每天在这长城边，迎接世界各地游客的到来。

“天高云淡，望断南飞雁。不到长城非好汉，屈指行程二万。六盘山上高峰，红旗漫卷西风。今日长缨在手，何时缚住苍龙？”毛主席诗词的气魄，就是万里长城的气魄，是中华民族几千年历史文化的气魄，是中华儿女与天抗争的气魄，也是我——一只小松鼠，每一日枝头闲坐，等你到来的渴望。

写完上面的文字，小龙禁不住掩卷沉思。万里长城是人类建筑史上的一个伟大奇迹，在历史上的战略地位也有着不同凡响的意义，更在和平年代里像一个文化符号一般展示着中华民族的精神力量。当小龙从一只小松鼠的角度，完成这样一篇习作的时候，他忽然意识到，万里长城是融化在我们血液里的一种文明符号，是中华民族勇敢抗争、包容天下的精神象征。

我要在万里长城的陪伴下慢慢长大，把这种不屈的精神融入自己的生命里，做一只长城上了不起的小松鼠。

写到结尾，小龙感觉小松鼠像是在对自己说，又像是在对每一个孩子说。

敦煌

——"丝绸之路"上的艺术明珠

"渭城朝雨浥轻尘，客舍青青柳色新。劝君更尽一杯酒，西出阳关无故人。"

这首唐代大诗人王维的七绝，是小龙从小就熟悉的一首诗。他知道，诗中写的阳关就是他从小最向往的地方——敦煌。

提到阳关，就不能不提到玉门关，这两个重要的关隘是"丝绸之路"上主要的军事重地和途经驿站，是通西域和连欧亚的重要门户。在那遥远的年代里，它们凭水为隘、据川当险，有"一夫当关，万夫莫开"之势，是古代兵家必争的战略要地。

我要向您介绍的，就是被这两个重要关隘日夜守护的西部重镇——敦煌。

小龙从敦煌旅游回来后，立刻写了一篇习作，介绍这个西部重镇。

《汉书》上说："敦，大也；煌，盛也"，那么，敦煌有多盛大、多辉煌呢？

现在的敦煌位于甘肃省，总面积有3万多平方千米，相当于北京市的两倍大。它位于河西走廊的最西端，地处甘肃、青海、新疆三地交汇处，东峙峰岩突兀的三危山，南枕气势雄伟的祁连山，西接浩瀚无垠的塔克拉玛干大沙漠，北靠蛇曲嶙峋的北塞山。

之所以被两个重要关隘严密守护，是因为古敦煌重要的地理位置及其万世不朽的文化遗迹。

两千多年前，东起长安、西达罗马帝国的"丝绸之路"既是历史上横贯亚欧大陆的重要经济动脉，又是东西方文化交流的友好通途。而地处"丝绸之路"咽喉要地的敦煌，则因它丰富的遗书和石窟艺术，被称为"丝绸之路"上的明珠。

敦煌遗书是对1900年发现于敦煌莫高窟17号洞窟的一批古写本及印本的总称，总数约6万卷，其中90%是佛经。

敦煌遗书因其重要的文献价值和学术价值而被称作国宝。写本中记载的年代上起东汉、下至元代，是研究我国各个朝代历史和文化的珍贵资料。内容涉及近三十个研究方向，包括数学、地理、历史、政治、贸易、哲学、军事、民族、民俗、音乐、舞蹈、文学、语言、音韵等，是研究敦煌历史的重要资料。敦煌遗书中有上万卷

敦煌

吐蕃文、回鹘文、龟兹文、梵文等文字写本，这些文字大都已失传，敦煌遗书保留了珍贵的民族历史资料，具有极高的民族学价值和国际意义。

位于敦煌市南郊 7 000 米处，有一座奇异的山，全部是由流沙聚成的，风动而山动，风响而山响，恍若钟鼓齐鸣，被称为鸣沙山。唐代诗人曾用一首传神的诗对它进行过描述："传道神沙异，暄寒也自鸣。势疑天鼓动，殷似地雷惊。风削棱还峻，人跻刃不平。"更奇妙的是，在这漫天黄沙的众山之间，还有一弯美丽的泉水，水面酷似一弯新月，叫作月牙泉。你说多神奇啊！

众所周知，敦煌的石窟艺术有着举世瞩目的地位。敦煌莫高窟就在这神奇的鸣沙山崖壁上，它们上下多层分布，全长 1 600 多米，面积最大的约有 200 平方米，最小的不足 1 平方米，是世界上现存规模最大、内容最丰富的佛教艺术圣地。1987 年，莫高窟被联合国教科文组织列为世界文化遗产。

莫高窟集洞窟建筑、彩塑、绘画三种艺术于一体。壁画总面积约 4.5 万平方米，泥质彩塑 2 415 尊，壁画规模相当壮观，如果一幅幅连接起来，足可以组成一条长达 20 多千米的画廊。

这些艺术形象中，最引人注目的当属"飞天"。敦煌"飞天"的艺术表现风格是不长翅膀、不生羽毛，借助云彩而不依靠云彩，只凭借飘曳的衣裙、飞舞的彩带凌空翱翔，表现了艺术家非凡的想象力；更奇特的是，"飞天"形象无论姿态、意境，还是风格、情趣，

都因不同时代、不同艺术家而有不同的特点，是中国艺术家最天才的创作，也是世界美术史上的一个奇迹。

漫漫黄沙，悠悠驼铃。我感觉到，我们这些走入敦煌的游人，更像一匹匹沙漠中常见的骆驼，在人生这漫漫无边的沙漠里，看世事繁华，历人间沧桑。而美丽的敦煌，就是我们永不停息的力量源泉。

“敦煌，当我亲眼见到你的美丽，感受到那亘古不变的力量，我已被你深深地折服。”文章写罢，小龙轻轻对自己说。

婺 源

——徽州非遗画里的乡村

“‘梦中绿遍谢家池，梦觉山村雪拥篱，尽道春寒花未在，晓来开到野棠梨。’这是南宋时期年少成名的大诗人方岳写的一首七绝，有谁知道这首诗吗？”

小龙煞有介事地提出问题。这是他和同学们到江西婺源参加夏令营的第一天，由小龙做兼职导游。

“大家想想啊，在一个夜里还被宿雪覆地的小山村，一觉醒来，漫山白色就变成了竞相开放的野梨花，在微风的吹拂下送来阵阵春天的温香。这是怎样令人心怡的自然景色！那么，在这初春时节，我们按照这首诗的题目《婺源道中》给出的地址，来到婺源，你也一定会如大诗人一样，拥有同样的幸福感悟吧。”

“当然啦！”“你还知道什么？”同学们七嘴八舌地议论着，开着小玩笑。小龙精神抖擞，接着讲道：

婺源

“首先说说婺源的地理位置。婺源是江西省上饶市的一个县，位于江西省的东北部，与安徽、浙江两省交界，有将近3 000平方千米的面积。因为大部分是山地，只有很少的耕地，所以素有‘八分半山一分田，半分水路和庄园’之称。”

“给我们介绍介绍婺源的地域文化呗？”有同学在给小龙出难题，可是一点都难不住他。

“婺源是古徽州的一府六县之一，代表文化就是著名的徽文化，其中的新安画派、徽州戏曲、徽派篆刻、徽派版画、徽州工艺、徽州刻书、徽派建筑、徽州方言、徽菜等，都具有独特的地域风格和文化魅力。”

“嚯，你知道的可真多！”同学们赞叹不已。小龙更加得意，继续说道：

“徽剧就是一个古老的地方剧种。它的声腔以弋阳腔、高拨子为基础，吸收目连戏的高腔、下江调，吸纳赣剧的南词和婺源民间小调，风格独特，雅俗共赏。仅通过动作和神情，就把人物形象表现得栩栩如生。由于继承了目连戏武技高超的传统本领，婺源徽戏形成了剽悍粗犷的艺术风格。

“徽派建筑是中国建筑史上的一枝奇葩，现在还有篁岭、江湾、理坑等地的明清民宅，完全是老式的徽州建筑风格。那‘粉墙黛瓦马头墙’，是斑驳的痕迹，也是先民智慧与力量的象征。从远处看，马头墙高出屋脊，随房顶坡度层层跌落，有的中间高、两头低，微见屋脊坡顶，半掩半映，半藏半露，黑白分明；有的上端人字形斜下，两端跌落数阶，檐角青瓦起垫飞翘。在蔚蓝的天际间，民居墙头勾出了天空的轮廓线，增加了空间的层次和韵律美，体现了天人之间的和谐。

“民间俗称‘冬瓜梁’的特色房梁，在明清两代有不同的特点，明代是两端雕出扁圆形；而清代是两端雕出圆形花纹，中段雕有各种图案，通体显得恢宏、华丽而壮美。梁架构件的巧妙组合和装修使工艺技术与艺术手法相交融，达到了珠联璧合的妙境。

“徽州村落的选址都严格遵循中国传统风水的规则，都讲究山水环抱，符合阴阳五行学说，以臻天时、地利、人和，达到‘天人合一’的境界。站在高处望村落，可以看到白墙青瓦，层层叠叠，跌宕起伏，错落有致，所以被誉为‘中国画里的乡村’。

“再说说婺源傩舞。‘傩’起源于先民对自然、图腾的崇拜和巫术意识。傩舞就是远古时期华夏祖先举行‘驱鬼逐疫’祭祀仪式时跳的一种舞蹈。婺源傩舞是从古流传至今并在历史长河中不断丰富发展下来、未经断代的传统傩舞，内容相当丰富，既有原始的表现迎神驱鬼内容的《搭架》《追王》，又有神话故事《开天辟地》等；有模拟动物习性的《舞仙鹤》《双猴捉虱》，还有表现嬉戏玩耍和棍

棒对打场面的《单棒》《双棒》《舞小鬼》及模仿农耕狩猎动作的《耕田》《捉鸟》等。

“在古代，人们用傩舞来表达对祖先的崇拜和敬畏，相信傩舞能够保佑家乡五谷丰登、六畜兴旺。而现在，婺源人还在每年的春节以及重要的节日表演傩舞，表达喜乐之情。2006 年，婺源傩舞还被列入第一批国家级非物质文化遗产名录呢。”

“哇，真棒！”小营员们热烈地鼓起掌来。如果说一开始，大家对小龙提前做的功课还持怀疑的态度，那么在听小龙做了这么详细的介绍之后，人人都不禁在心里竖起大拇指。

新　疆

——品瓜果飘香　赏最美边疆

我有一只小毛驴我从来也不骑，
有一天我心血来潮骑着去赶集。
我手里拿着小皮鞭我心里正得意，
不知怎么哗啦啦啦我摔了一身泥。

小龙从小就唱这首儿歌，他喜欢歌中的小毛驴。当他读了阿凡

提的故事，他对小毛驴更觉亲近。等他渐渐长大，他又开始对驮着那些有趣的故事、走遍千家万户的小毛驴的家乡有了浓厚的兴趣。

这次作文比赛，小龙想写的，就是小毛驴的家乡——新疆。

我的家乡，在我国西北边陲，与俄罗斯、哈萨克斯坦等八国接壤，有着166万平方千米的土地。它的名字叫作新疆，我想把它介绍给你。

新疆古称西域，地处亚欧大陆腹地，在历史上是古“丝绸之路”的重要通道。早在距今2 000多年前的汉代，汉武帝派张骞出使西域，新疆就变成了传播沟通文化、互换交流特产、搭建友谊平台的重要纽带。

新疆有着悠久的历史文化。早在战国时期的《山海经》和《穆天子传》中，就有周穆王西巡至新疆的昆仑山会见西王母的故事。在新疆境内，考古发掘出土了大量陶器，其中不少彩陶与中原内地同期出土的陶器图案纹饰相同或相近，说明内地的彩陶艺术自古就

与新疆彩陶文化相互影响。唐代岑参、王昌龄等边塞诗人，都写过新疆大地上那些雄浑的大漠、壮丽的山川、奇特的气象、悲壮的征战等，这些脍炙人口的诗篇久传不衰，向世人展示了美丽新疆千百年的传奇。

新疆也是歌舞之乡，塔吉克族鹰舞、新疆曲子、十二木卡姆等都在2006年被列入第一批国家级非物质文化遗产名录。龟兹乐、高昌乐、疏勒乐等乐曲早在隋唐时期就占有重要地位。琵琶、箜篌、鼓、角等也沿着“丝绸之路”传入新疆，成为新疆的传统乐器，并传入内地，成了唐代以及后世音乐演奏中的主要乐器。新疆的舞蹈如胡腾舞、胡旋舞、拓枝舞等也传入中原宫廷乃至民间。现在，新疆的少数民族依旧能歌善舞，每个民族的歌舞艺术都有着鲜明的个性特点。那动听优美的音乐、绚丽多姿的舞蹈，表现了西北边陲少数民族的独特风情。维吾尔族的十二木卡姆规模宏大、思想深邃，被誉为“维吾尔音乐之母”。哈萨克族有谚语说：“歌和马是哈萨克人的两只翅膀。”它的民歌悠扬高亢，在冬不拉乐器的伴奏下，草原气息分外浓厚。哈萨克族舞蹈多用“动肩”，步法上采用“马步”，表演风格粗犷剽悍，动律性强，极富感染力。柯尔克孜族民歌则节奏明快、热情活泼，舞蹈以“挑肩”最富特色，尤其是女性舞蹈中常有吹“口弦”的动作，在其他民族中是没有的。这些独特的歌舞艺术，再配上各民族别致的服饰和诱人的风情，使新疆歌舞艺术成为祖国民族文化中的宝贵财富。

新疆还是有名的瓜果之乡，哈密瓜、西瓜、葡萄、香梨、苹果、沙枣、石榴、杏等，含糖量特别高，口味独特。由于夏季高温天气持续时间长，昼夜温差大，新疆历来就有“早穿皮袄午穿纱，围着火炉吃西瓜”之说。

新疆最吸引人的还是它的美景。这里既有海拔 8 611 米的世界第二高峰乔戈里峰，又有低于海平面 154 米的中国最低洼地艾丁湖。全疆共有 1 100 余处旅游景点，居全国首位。有像一颗璀璨的蓝宝石镶嵌在群山之间的赛里木湖，湖光山色，天水相映；有中国最热的地方——火焰山，地表最高温度可达 89 摄氏度，炽热的气流翻腾着上升，如火舌撩天；有在戈壁上排列着形状各异的巨大石柱的魔鬼城，石柱之间大风呼啸，好似鬼哭狼嚎，令人惊恐异常……还有那些神秘壮观的大峡谷、一望无垠的沙漠戈壁、五颜六色的河滩平原，甚至一条条望不到尽头的笔直的公路，每一处都是令人眼花缭乱的如画风景。

我这只快乐的小毛驴，驮着聪明的阿凡提，驮着悠扬的歌声和动听的故事，在这样的自然风光里行走千年，你知道，会有多么幸福吗？

写完小毛驴和它美丽的家乡新疆，小龙也不禁幸福地笑了。

后记

《我爱我的祖国》这本书从构思创作到正式出版历时三年，这期间遇到了很多困难，但同时也让我们收获了很多的帮助、鼓励和温暖。伴随着内容的逐步完善，当第一次看到书中所构建的这幅中国画卷时，我们仿佛身临其境一般看到从不服输的中国人，看到他们那种顽强拼搏的精神和世世代代奋发努力的样子。我们仿佛跟着小龙游历于祖国大好的河山中，仿佛可以更清晰地看到我们伟大祖国未来的样子。那时，我们会和小龙他们一起站在世界舞台的中央。

感谢这三年来帮助过我们的很多人。纪同贺小朋友，是你启发了我们用儿童的视角进行创作表达。王馨晨、王倩、刘泯岍三位优秀的老师，书中所塑造的老师形象源自你们。小龙和晓雯则是我们全体作者心目中每一名小读者的形象。谢谢大家，希望我们未来可以一路同行。

真的很不舍，但还是要和大家说再见了。小龙和小伙伴们已经开始构思新的故事，相信我们很快就会再见。

全体作者

2021 年 5 月